# 仕舞う

美しい
収納の知恵

昭和のくらし博物館館長
小泉和子
編集・監修

河出書房新社

目次

はじめに——004

第一部

わたしの仕舞い方——007

1 仕舞うと住まう……古田悠々子 008

2 暮らしを美しくする……松場登美 016

3 食を仕舞う……タカコナカムラ 024

4 昭和の仕舞い方……小泉和子 032

第二部

旧家の仕舞い方——仕舞う技——047

1 飲食器……048

飲食器の種類——049 仕舞い方——055

コラム 包むもの——054

2 家具調度品……059
しつらいと家具調度品―060　種類と仕舞い方―063

3 衣服……087
衣服の種類―088　虫干し―090　たたみ方―091　包み方―097
収納具―098
コラム 銀杏の防虫袋―098

◉防虫図鑑……100

4 古文書……111
古文書の種類とかたち―112　仕舞い方―123
コラム 帳簞笥―117　冊子の綴じ方いろいろ―119
熊谷家文書の仕舞い方―121

5 食品……125
保存容器―126　包装材・充塡材―131　乾燥・防虫・防腐―132
保存法―134
コラム 板目と柾目―127　炭の効用―133

あとがき――家の女たちのしごと―140

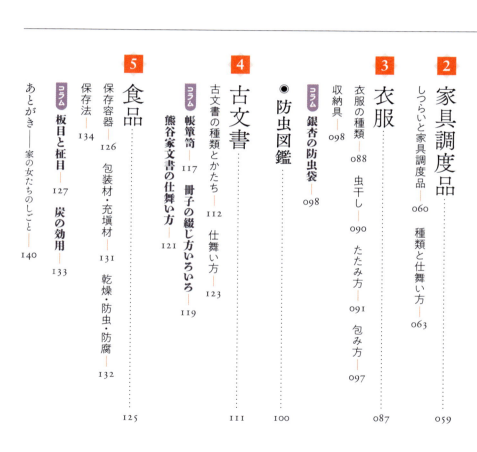

# はじめに

## 仕舞うことはくらしの文化

昔と今との生活スタイルでの大きな違いの一つが「仕舞《しま》う」ということでしょう。

昔は日々の衣食住からはじまって、冠婚《かんこん》葬祭《そうさい》、つきあい、看護、出産と、そのほとんどを家庭の中で行っていました。今のように電気冷蔵庫も冷凍庫もなければ、冷暖房の設備も整っているわけではなく、コンビニもスーパーマーケットもホームセンターもありませんでしたし、プラスチックもビニールもありませんでした。レストランもホテルも手軽に利用できるものではありませんでした。

このため食品にしても、食器類にしても、衣服にしても、寝具にしても、季節により、行事などによってそれぞれに必要なものを用意しておかなければなりませんでした。となると使わないときは仕舞っておくことになります。そのためにそれぞれのものに応じた仕舞い方が決まっていました。

たとえば食器なら客用、季節用、行事用で、客用のお椀《わん》は丁寧に薄紙《うすがみ》に包んで椀箱に入れる、夏用のガラス皿は間に紙をはさんで紙箱に入れる、正月のお屠蘇《とそ》道具は、銚子《ちょうし》、杯《さかづき》、盃台《はいだい》それぞれを和紙の袋に入れて箱に納めるといったことです。

寝具などは季節でまったく違います。夏は蚊帳《かや》がいりますし、布団《ふとん》も薄い夏布団です。冬は綿《わた》が厚く入った掻巻《かいまき》やどてらで、湯たんぽや行火《あんか》もいります。このため季節が終わると布団は大きな風呂敷に、蚊帳は蚊帳袋に、湯たんぽは綿入れの袋の上に布袋を被せて、行火は戸棚にと、それぞれに応じた仕舞い方で仕舞っておかなければなりません。

このため仕舞うための容器や方法も考え抜かれていました。キモノを仕舞うのでも、たたみ方、畳紙《たとうし》の和紙、箪笥《たんす》の桐《きり》、と技と容器の形や素材とが合理的に一貫していました。今ではほとんどなくなってしまいましたが、鰹節《かつおぶし》の仕舞い方で甕《かめ》に灰を入れて、その中に何本かの鰹節をさしこんでおくというのもありました。水に浸けておく、軒《のき》下《した》に吊るしておく、などというのも仕舞い方の一つでしょう。

「仕舞う」ことなしにはくらしは成り立たなかったため、長い間、人々は仕舞うための工夫を積み重ねてきていたのです。仕舞い方はくらし方であり、くらしの文化だったのです。

## 現代の仕舞い方、昔の仕舞い方

一方現在のくらしでは技術革新と生活様式の変化によってあまり仕舞う必要がなくなっています。仕舞い方もわからなくなっています。便利になりました。たしかに楽にはなりましたが仕舞わなくてもすむ現在のくらしは、国内外での、さらには地球規模の多くの犠牲の上に成り立っていることも事実です。

そこで化石エネルギーを使わなかった昔の仕舞い方と、現在のくらしの中での自然にそった仕舞い方を紹介して、仕舞い方、ひいてはくらし方について考えていただきたいと思って出したのがこの本です。

「わたしの仕舞い方」は、それぞれ自分ではじめた仕事をしている女性の仕舞い方を紹介しています。昔と違う現代の生活の中でやっているユニークな仕舞い方です。自然を大事にして、しかも合理的な仕舞い方を実践されていますので、仕舞うということの面白さを知っていただけるのではないでしょうか。

「旧家の仕舞い方」は、昔の仕舞い方です。世界遺産の石見《いわみ》銀山《ぎんざん》がある島根県大田《おおだ》市大森町で大田市指定史跡として公開されている旧河島家住宅の「仕舞う」という展示を紹介しています。この展示は、当時大田市の管理団体に属していた地元の主婦たちが家財調査をする中で昔の仕舞い方に感激して手分けして調べて行ったものです。いかに心を込めて、手を使って、丁寧に、しかも合理的、機能的に仕舞っていたかに驚いたのです。そこで飲食器・家具調度品・衣服・防虫法・古文書・食品とそれぞれ分担して調べて、展示して、その結果を『仕舞う』という小冊子にまとめました。これを再録したものです。今の生活には役に立たないかもしれませんが、昔の仕舞い方、くらし方に思いをはせて、現在の私たちのくらし方と比べてみてください。何か見つかるかもしれません。

仕舞うというのはくらしの中のささやかな事柄ではありますが、実は深い意味を持つ文化なのです。いくらかでもお役に立てればさいわいです。

昭和のくらし博物館
館長　小泉和子

第一部

# わたしの仕舞い方

道路面東側中央（金木犀の大木のところ）から上階へ。北側通路奥に駐輪場。建物は一周でき、四季の花々が楽しめる。

# 1 仕舞うと住まう

古田悠々子

## 住居づくり

私は文字を書くこと、石に印などを刻むことを生業《なりわい》とし、時に史跡の名称板文字のデザインも手がけています。仕事上では筆や紙、印泥《いんでい》などの仕舞い方を留意しますが、日常的に仕舞い方についてあまり意識したことはありませんでした。が、改めて部屋を見廻して感じた私の仕舞い方を住居《すまい》の建設時を振り返りながら記したいと思います。

私が住む、〈共同住宅ながさき〉は、建築家の杉浦敬彦《すぎうらたかひこ》が「東京に村をつくる」というプロジェクトを掲げて実現した地上四階、地下一階、鉄筋コンクリート造の建物で、築四五年となります。

あまり例はありませんが、設計を始める前に住む場所、面積を当初一四世帯のそれぞれが希望を申し出て決め、私の望みは残ったところで、床面積約四〇㎡の一階でした。

私の住居づくりはひょんな出会いから始まりました。建設会社と床板を張った時点でトラブり、内装は自

韓国生まれ、樹齢100年以上の松の大黒柱。
もと餅こね板で凹部に搗いた餅を入れ、捏ね、
下部（平らな部分）で棒状にして切り、そのキズ跡が残る。

右：台所ガス台前の壁面。鉄斎書「火要鎮（ひのようじん）」のバックは玄昌石。鍋敷きのバックはトラバーチン。
左：大黒柱の裏側に仕舞われた使用頻度の高い台所用具たち。写っていないが下方にはゴミBOXがおかれている。

分でする羽目に。思案していたところ、所用先で知人に紹介されたのがモノ造りのSさん（現在住職）。彼が私の話に興味を持ち、現場を見、そして約四か月間イニシアティブをとって空間づくりをしてくれることになりました。

　現場にはすでに厨房《ちゅうぼう》セットや水場は設置されていたので、余剰《よじょう》スペースは約三五㎡。同居する妹の部屋に一〇㎡、残る二五㎡を仕切りなしのワンルームとしました。決して広くない空間に何をどう配するか。Sさんが最初に定めたのが仕事場となる机の位置で、隣接してベッド、ベッドの上は妹の部屋の押入れとしました。私は夜型で疲れたらすぐ寝たい、といったからでしょうが、この決定により残りが居間となり間取りが終

右：置き棚を逆さにして取り付け、喫茶用具をまとめたコーナー。右上方にみえるのはネパールの木彫仮面。竈神（かまどがみ）として台所を見守っている。
左：パイプスペースを利用した食器棚。扉はシナベニアを用い、表面を墨で仕上げた筆者手製。

了しました。

大方のプランが整った頃、思いがけず石屋の友人から不用となった玄《げん》昌石《しょうせき》、トラバーチンなどが提供され、同時に余り物の格安な縁甲板《えんこういた》も多量に手に入りました。

これを機に内装作業を開始。Sさんは石材を床に並べ、玄昌石を主とした配列をデザインしたあと、玄関から居間に続く約二m四方の壁面と台所の壁に張りました。天然の玄昌石は東京駅の屋根にも使われていますが今や希少品です。

縁甲板は多くの仲間が手伝ってくれて、ワンルームの壁と天井の全面に張りました。

この作業中Sさんから、この辺に姿見をおきますか、の提案。行ったり来たりしながら適所を決め、せっ

ほぼ座ったままですべての用が足りる仕事場。
机の下は足をおろす範囲は床を落としているが、そのほかは収納場として使用。

かく張った縁甲板を四枚外し、約一九〇cm×四〇cmの鏡が入りました。鏡は部屋を広く見せていますが、鉈《なた》、ガラス玉をおき、三種の神器《じんぎ》としても用いています。

ある日、Sさんがファンの白井《しらい》晟《せい》一《いち》が設計した浅草の善照寺《ぜんしょうじ》を見学。内陣と外陣の境に立つ印象的な二本の黒い柱にヒントを得て、カシュー塗料で仕上げた四本の丸太を仕事場と居間の結界《けっかい》として設けました。

結界は玄関と居間の腰掛け、そして後述するわが家の大黒柱である居間と台所の厚く広い板があります。

収納に関しては、家具はおかないとしていたので、部屋の中にあるパイプスペースを利用して食器棚、隣室との隙間に洋服ダンスと棚、押入れの中や洗面所に収納棚などを、い

居間と仕事場の結界の四本の丸太柱。
遊びに来た子どもたちが上る遊具にもなる。また、何人もの子らが残した柱のキズも刻まれている。

ずれも使いやすくきめ細かな配慮がなされました。とくに仕事場の壁に取り付けた本棚は機能性に優れ、私の仕舞い方にもつながります。

住居づくりの全工程をSさんを中心に素人の集まりで仕上げましたが、最後に唯一、床マットは業者に依頼しました。

## 私の仕舞い方

私の、文字を書く刻むの仕事場は一三〇cm×六〇cmほどの机上で、机の周りには仕事に必用なモノがほぼ座ったまま目の届く所、手の届く所におかれています。モノはそれぞれの定位置から相呼応してくれますが、初めから其処《そこ》にあったわけでなく、モノには納まりたい場所があるようで、その声を聞きつ変えつして今の

右：姿見（鏡）、鉈（剣）、ガラス玉（勾玉）の三種の神器の設（しつら）い。鉈は友人の、ガラス玉は伯父の形見がたまたま隅にあったので。
左：玄関の石壁。御影石の破片に筆者が刻した部屋の庵号“飢楽晏（きらくあん）”。その下に普段履きの靴。その他の履物はベランダの物入れに。

状態があります。その場所を本のみならず用具類にも柔軟に対応する作り付けの本棚。この本棚のお陰で、使うモノは便利なところにおくというごく当たり前のことを自然に行っていました。この当たり前は片付けかもしれませんが私にとってはイコール仕舞い方で、他の場所に眼を移しても仕事場のありようと何ら変わりがありません。広さや座す、立つの違いはあっても必用なモノはより近くにおいて使い勝手をよくし、モノ自体は納まるべき所に。ただし、場は限られているので必用以外のモノはおかぬよう心がけてはいます。

次に、用が目的ではありませんが私の部屋には国の内外を問わず出会ったモノたちが其処此処《ここ》にあります。彼らは私の——モノには納まりたい

**profile　古田悠々子**（ふるた・ゆうゆうし）

1939年東京生まれ。書道家。篆刻家。現代書作家協会の役員を務めたあと、40代から"もじかくきざむ"を肩書にしてフリーで活動。諸作品や刻印の仕事のほか、さまざまな形で文字のデザインに取り組む。名称板では、奈良県大美和の杜、史跡埼玉県水子貝塚、史跡秋田県伊勢堂岱遺跡（いせどうたいいせき）、史跡北海道モヨロ貝塚館、愛媛県奈良山等妙寺史跡公園など、マーク・書・その他では、伝建協（全国伝統的建造物群保存地区協議会）のシンボルマーク、岐阜県土岐市PRの「古田織部」の書、神奈川県横浜市"みんなの鉄道150周年"のロゴ、笛・琵琶等のCDのタイトル、普請研究誌の表紙デザイン、サンフランシスコ・ブルガリアで舞台のための書、私家版の篆刻小冊子を隔年発行など多数。

もと炉が切ってあったが今は大工道具入れ。
地方の金物屋で見つけた水道マンホールの蓋を裏返し、スライド開閉して用いている。

場所がある――という私感を実感させてくれますが、その代表が居間と台所の結界の大黒柱（板）です。韓国・ソウルの骨董屋で陶器を陳列していた台で、もと餅こね板でした。まさか海を渡って柱になるとはユメにも思わなかったでしょうが、この板こそ自らの意思で場所を選び、立つ！と決めたと思っています。

また、台所の壁にかかる鍋敷きは三〇年前にブルガリア・ソフィアの露店で見つけました。後年、その頭上にみやげにいただいた富岡鉄斎《とみおかてつさい》書「火要鎮」符を貼ると、どちらが呼んだか呼ばれたかセットのように納まってくれました。

この二点のみならず他のモノもそれぞれが適した場を選び安定しているように思います。これは大きな意味での仕舞うことになるのかもしれません。

はじめに述べたとおり、あまり意識しなかった仕舞い方ですが、このような機会をいただいて思いました。モノとのバランスのとれた仕舞い方は生活にリズムを生み、よく仕舞うことはよく住まうことに通ずるのだろう、と。

# 2

松場登美

# 暮らしを美しくする

祀符
火迺要慎

左：石州瓦が美しい大森町　右：大森町の町並み

## 「復古創新」

一九八一年（昭和五十六）、夫の故郷である島根県大田《おおだ》市大森町（石見《いわみ》銀山《ぎんざん》）に帰郷して四十三年になります。石見銀山は、最盛期には大森町周辺を含み二十万人の人が住み、世界の三分の一の銀を産出したといわれています。閉山後は、過疎・高齢化の一途《いっと》をたどり、現在の大森町の人口は四百人足らずとなりました。しかし私は、一見、荒涼《こうりょう》とした風景に見えたこの町を、なんて美しい町だろうと好きになりました。なぜなら、私は、日本は経済発展を望むあまりに大切なものをなくしてしまったのではないかと感じていたからだと思います。

一九八一年に帰郷したものの、食べていくこともままならず、好きでためた端切《はぎ》れの布を継《つ》ぎ接《は》ぎして作った小物を行商《ぎょうしょう》することから始めました。それから数年後には流行に流されない服を作るようになりました。

一九八七年に石見銀山の古い町並みが重要伝統的建造物群保存地区（重伝建）に選定されました。

一九八九年、町内の古民家（一八四八創建）を改修して現在の「石見銀山群言堂《ぐんげんどう》」本店を作りました。改修においては、効率、つまり経済性を優先することよりも、文化性、社会性を優先することを選びました。この考え方は、先に述べたようにこの町のありようから学んだことだと思います。

一九九八年、（株）石見銀山生活文化研究所を設立しました。経営理念

暮らす宿　他郷阿部家（阿部家住宅）外観

の中に「復古創新」という考え方があります。古いモノ・コトの中からよき物を残し、未来を創造するという意味です。二〇〇七年には、石見銀山は銀による経済意義よりも、自然と共生した鉱山遺跡とその文化的景観が評価されたことにより世《せ》界遺《かいい》産《さん》に登録されました。現在弊社では、長年にわたり国内の産地と取り組んでものづくりをし、現在全国約三十三店舗を通し、私たちの考え方を発信しています。

## 「衣食住美」の理想

二〇〇八年、築二三〇年の武家屋敷を改修して「暮らす宿 他郷阿部家」の営業を始めました。長年、服や生活雑貨をデザインすることを仕事としてきましたが、私が本来デザイン

右頁上：台所。竹の籠やざる類は造形が美しく、大好きな道具の一つ。乾燥させるためにも吊るして空間の景色にしている。
右頁下：流しのまわりで使う道具や調味料を整然とおけば雑然とならず、使い勝手もよい。キッチンペーパーの入れ物は竹で作った。
右：古い戸棚の一部をシンク下に仕込みにしてゴミ箱に再利用した。

したかったのは「暮らし」でした。私が理想と考える「暮らし」のあり方を「衣食住」に〝美〟を加えて「衣食住美」と定義づけました。サービスや商品だけでなく、理念や背景、プロセスすべてが美しくありたいという考え方です。

　阿部家は、県の文化財の指定を受けていたことから、朽ちた柱を根継《ねつ》ぎしたり、小舞竹《こまいだけ》に塗る土は剥がした土を練り直して再利用したりするなど伝統工法によって改修しました。こうした手間隙《てまひま》かかる仕事が、技術を残し職人を育てることにつながります。阿部家は、八期にわたり二十一年という長い年月をかけて、ひととおりの改修を終えました。

## 「見せる仕舞い方」

　今回のテーマは「仕舞う」。一般的には、物をしかるべき場所に納めることを仕舞うというのでしょう。しかし阿部家では、あえて「見せる仕舞い方」をしています。日常に使う生活道具は本来美しく、見えないように仕舞ってしまうのは惜しいと思うのです。とくに台所は私が建物の中で最も大切にしている場所。人が集い、頻繁《ひんぱん》に使う場所だからこそ、道具類も一目瞭然《いちもくりょうぜん》でわかりやすく、使いやすく仕舞うことが大事だと思います。また、竹や木、土や鉄などの自然の素材で作られた台所道具は、使うほどに美しく、味わい深くなっていき、そういう物は、できるだけ目に触れるところにおいておきたいものです。

　阿部家では、食べることにおいて

土壁の籠。
お気に入りの竹籠やざるを土蔵の土壁にかけ、ディスプレイのように。

風呂。
古い引き出しを再利用して脱衣籠の代わりに使用。

も「見せる仕舞い方」が重要な要素になっています。舌で味わうだけでなく、見るもの、聞こえるものすべてがご馳走だと思うのです。たとえばご飯を炊くとき、竈《かまど》に火を入れるとパチパチと檜《ひのき》の枯れ葉が音を立てて燃え、煙や湯気《ゆげ》が立ち、やがてご飯が炊きあがります。お出汁《だし》用の、かつお節と出汁昆布をカットしたものを、古いガラス瓶に入れて調理台におくことで、美味しさも伝わると思うのです。阿部家では、こうした「見せる仕舞い方」が、美味しく召し上がっていただくことに対して、一番功を奏しているのではないかと思います。「見せる仕舞い方」は、私の理想の暮らしを訪れた方の五感《ごかん》に働きかけてくれるのです。

薪置場。
薪こそ美しさを見せてストックしたい。薪の形、積み方でさまざまなバリエーションが生まれ楽しい。

偶然からうまれたワインセラー。
太い竹と細い竹を木枠の中におさめただけで、これだけの造形美と機能性を持ち合わせたものができた。

**profile　松場登美**（まつば・とみ）

1949年、三重県生まれ。株式会社石見銀山群言堂グループ 取締役。株式会社他郷阿部家 取締役。1981年、夫である松場大吉の故郷、島根県大田市大森町に帰郷。1989年、町内の古民家を改装し、「コミュニケーション倶楽部 BURA HOUSE（ブラハウス）」をオープン。以降、数軒の古民家を再生させる。1994年、服飾ブランド「群言堂」を立ち上げる。2003年、内閣府・国土交通省主催「観光カリスマ百選選定委員会」より観光カリスマに選ばれる。2006年、文部科学省・文化庁より文化審議会委員に任命される。2021年、「令和2年度ふるさとづくり大賞」内閣総理大臣賞受賞。2022年に次世代に事業を継承し、他郷阿部家の竈婆として、繕いデザイナーとして、日々暮らしを楽しんでいる。『群言堂の根のある暮らし』（家の光協会）、『過疎再生 奇跡を起こすまちづくり：人口400人の石見銀山に若者たちが移住する理由』（小学館）など著書多数。

左頁：洗足池のタカコナカムラホールフードスクールのキッチンは、ガスの炎にこだわり、切れる包丁、木製のまな板、使いやすいものを、手入れしやすく、長期使用のためステンレス製が大半です。

# タカコナカムラ 3

# 食を仕舞う

## Whole Food＝まるごと考える

私は、東京都大田区、勝海舟《かつかいしゅう》と西《さい》郷隆盛《ごうたかもり》が江戸城無血開城《むけつかいじょう》を決めたゆかりの地、洗足池《せんぞくいけ》で食と暮らしと環境をまるごと学ぶ料理教室「タカコナカムラホールフードスクール」を主宰《しゅさい》しております。

食材はすべて安全で本来の作り方をしたもの、「誰が」「どこで」「何を使って」「どのように作ったものか」がはっきりしたものを直接、生産者から仕入れ、使用しています。

私が提唱する「Whole Food」とは直訳すると「まるごとの食べもの」です。野菜を皮を剝かずにまるごと使うことをさすのではなく、自分の健康を考えるとき、食べものだけではなく、暮らし方や農業のこと、洗剤のこと、ゴミのことや環境のこと

まで「まるごと考える」ことをWhole Food Life、短縮してWhole Foodと表現しています。

　安全な食材を作るには、安全な水や土が必要であり、自然環境と切り離すことができません。

　その当たり前のことに気づくと、おのずと丁寧な暮らしにつながっていくと思っています。

## 人のカラダとココロは食べたもので作られている
### ——You are what you eat

　自分で料理をすると、まるごと考えていく力を身につけることができます。

　それを伝えているのが私の料理教室です。

　関西弁には、「始末《しまつ》する」という言葉があり、「浪費をしないように気をつけること」という意味です。関西では、野菜の皮や芯《しん》、魚のアラなど、捨ててしまうものを食材として活用した料理を作るという文化が昔からありました。「始末料理」は今風にいうとSDGsな調理法、持続可能な調理方法を表現する言葉かもしれません。

　同様に、農家さんや生産者の方が生み出したものを無駄なく使わなくてならない、そのために保存方法や丁寧な使い方までトータルに考えることを「仕舞う」と表現しているのではないかと私は感じています。

　タカコナカムラの「食の仕舞い方」を紹介させていただきます。

## タカコナカムラ流・「食の仕舞い方」
## その1：
## 野菜の皮や根っこの仕舞い方

　ベジブロスは野菜の皮や根っこ、切れ端で取る「野菜だし」のことです。これらの部位は多くの「ファイトケミカル」を含んでいます。

　ファイトケミカルとは、植物に含まれる抗酸化物質の総称。可食部より、皮や根っこに多く含まれています。

　農家の軒下《のきした》に吊るされている王ねぎの、あの茶色の皮は、一年間玉ねぎの命を守っていることを考えると皮や根っこにどれほどのエネルギーがあるかわかりますよね。

### 1　ベジブロスのススメ

**材料（できあがりベジブロス1L）**
・水…1300〜1500ml
・野菜の皮や根っこ…両手一杯分
・酒…少々

上：ベジブロスの材料、野菜の皮や根っこ、切れ端。ファイトケミカルいっぱい。
右：ぐらぐら野菜が煮躍らないような火加減でコトコト煮る。

**作り方**

❶鍋に水と野菜、酒を入れて火にかける。弱火から中火で野菜がぐらぐら躍らないように注意してコトコト30分煮出す。

❷ザルでこしてベジブロスの完成。粗熱がとれたら保存容器に入れて3日間くらいで使い切る。冷凍保存も可能。

**使い方**

お水を使うものは、すべてベジブロスに置き換えることが可能です。癖《くせ》がないため、和食からイタリアン、中華まで幅広く料理に使えます。まずは、白米をベジブロスで炊いてみてください。

具は見えませんが、ベジブロスの野菜の栄養と風味を楽しむことができます。

まず試してほしい、もやしの50℃洗い。1週間冷蔵庫で新鮮なまま。
お湯の温度が下がると雑菌が繁殖するため、調理用の温度計でちゃんと計る。

## 2 無駄なく野菜を使うために 50℃洗いのススメ

50℃洗いとは、容器にためた50℃のお湯で野菜や果物、お肉やお魚、加工食品まで洗う下処理《したしょり》方法です。50℃のお湯で？ と思われるかもしれませんが、野菜はアクがとれ、鮮度もアップして日持ちがよくなります。肉や魚は酸化した脂がとれ、食材本来の美味しさを味わうことができます。焼きそば麺やおでん種、油揚げなど油を使うものも、50℃洗いをしましょう。

日本には、野沢菜や温泉もやしなど昔からお湯で洗う知恵がありました。

辛子《からし》も辛味が立つのは、50℃のお湯で溶いたときです。温故知新《おんこちしん》の知恵が50℃洗いなのでしょう。

### 50℃洗いの方法

まずは、調理用の温度計を用意しましょう。43℃以下になると雑菌が繁殖《はんしょく》してかえって食材を傷めたり、保存性が悪くなります。

お湯をためて、その中に食材を浸けて、洗います。

もちろん、洗濯のように洗う必要はなく、2〜3分を目安に洗います。洗ったら、ザルに上げて、水気を切ります。

野菜や果物は、水気をよく切ってからファスナー式の袋や容器に入れて冷蔵庫で保存します。

肉や魚は、50℃洗いしたら、水気を拭き取り、すぐに調理をしましょう。

## 3 野菜の仕舞い方

野菜の保存方法は、基本、畑に植

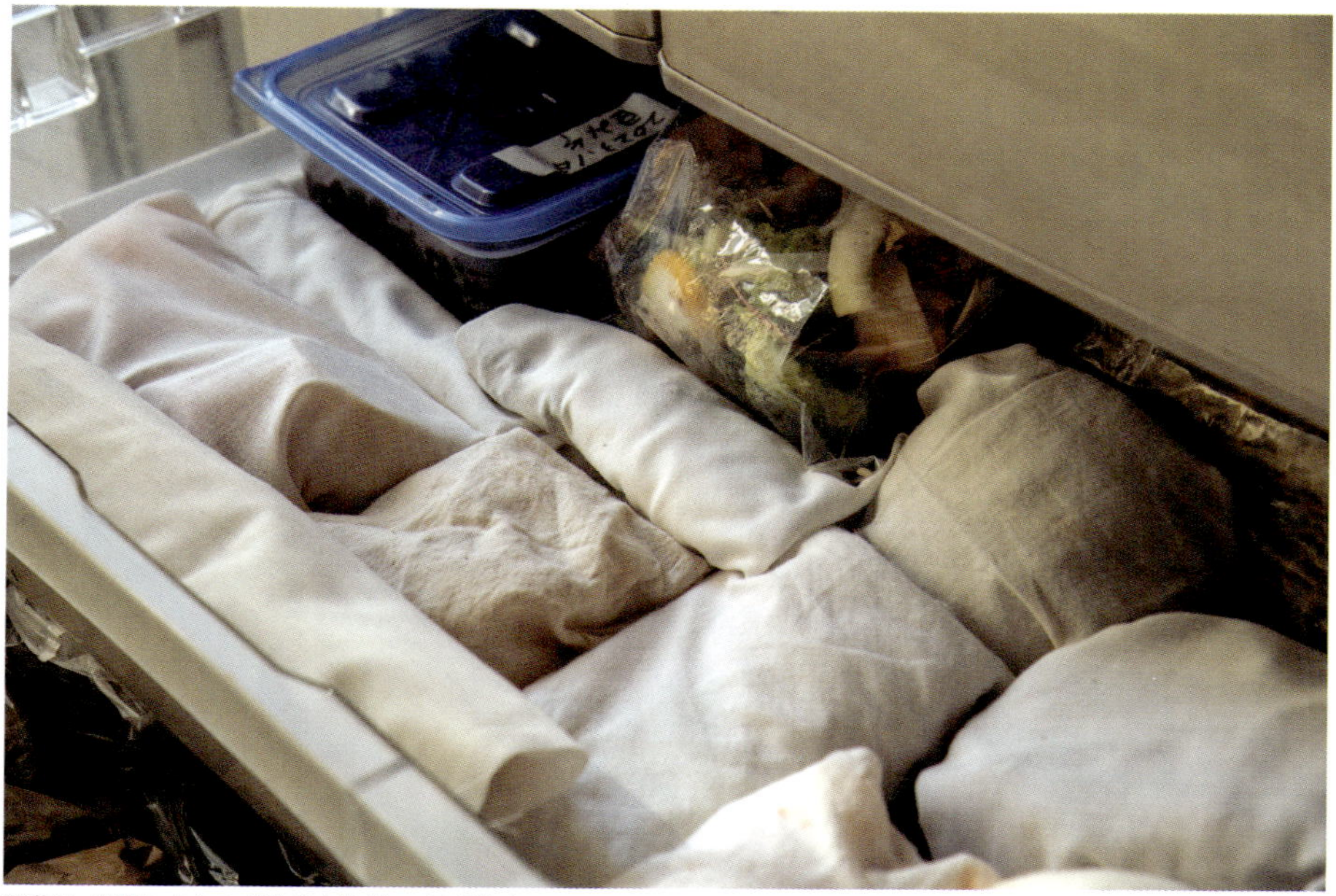

野菜は、和晒に包むのが乾燥を防ぎ、一番長持ち。
しかも和晒は繰り返し洗って使える

上：肉や玉ねぎは、バラバラにして一旦冷凍。それを袋などに入れて冷凍するとくっつかず、スペースもとらない。
下：大根は切ったものと煮汁と一緒に冷凍しておくと早く煮える。

えてある野菜とできるだけ近い状態で保存します。アスパラや白菜などは立てて保存します。野菜は全般的に乾燥を嫌いますので、新聞紙で包む、または、繰り返し使える無漂白の和晒《わざらし》で包むこともオススメです。

乾物は空いたペットボトルや瓶に詰めて、見える場所におくこと。

食材の冷凍保存の場合は、「バラ凍結」にします。玉ねぎを刻んで、バットにばらばらにして一旦、冷凍する。それを袋に入れて冷凍保存すれば、塊《かたまり》にならないので、使いやすくなります。

フライドポテトや鶏の唐揚げも、「プレフライ（軽く揚げたもの）」を冷凍すると乾燥を防ぐことができます。

おでん用の大根は、輪切りにして冷凍したものを煮ると、時短で煮ることができます。

タカコナカムラ流・「食の仕舞い方」

## その2：持続可能な食材「Kanbutsu」

### 1 「Kanbustu」をワールドワイドに使おう

私は、乾物《かんぶつ》をあえて「Kanbutsu」と書くようにしています。それは、食材として非常に便利であり、輸送にも適しているため、世界の食糧難に備えることのできるスーパーフードであると思っているからです。

「Kanbutsu」は年中買えるうえ、長期保存可能、軽い、食物繊維、栄養価が高くカロリーは低い……本当に、優秀すぎるヘルスフードだと思います。

### 2　見えるところに保存すること

ペットボトルに入れたり、紐《ひも》で吊るす。Kanbutsuは、袋に入れて引き出しに入れるとアウト！ 忘れてしまいます。豆や昆布などはキッチンの見えるところにおく。そうするとつい使いたくなります。素敵な瓶《びん》にKanbutsuを入れて並べるといい感じのキッチンオブジェにもなりますね。

Kanbutsuも保存の際には、できるだけ空気を抜いて保存するようにしましょう。

**ちょっとおすすめ**

コーヒー豆は焙煎《ばいせん》後一か月くらいで飲み切るのがベスト。余りそうな場合は、袋に空気を抜いて入れて冷凍します。コーヒーや茶葉は冷凍庫の臭いを吸収しやすいので、必ず密閉袋に入れて保存。

**profile　タカコナカムラ**

1957年 山口県山陽小野田市生まれ。実家は割烹料理店。京都産業大学経営学部卒業。アメリカ遊学後に「Whole Food」の概念を発案。安全な食と暮らしと農業、環境をまるごと考えるホールフードを提唱。1989年 自然素材のお菓子ブラウンライスを創業。2003年 表参道に「ブラウンライスカフェ」オープン。ホールフードスクール開校。（https://wholefoodschool.com/）2006年独立。自由が丘に「タカコナカムラホールフードスクール」開校。その後、移転。2008年 一般社団法人ホールフード協会を設立 福岡校開講。2011年 大田区洗足池を本拠地として本格的にホールフードを発信。

料理家としては、「50℃洗い」「ベジブロス」「塩麹」「スーパーフード」などの食のトレンドをつくり発信。2019年には老化物質「AGE」を抑える調理法として、低温調理を提唱。新しいホールフードの料理法の集大成の年に。

安全な食材、オーガニックの食材を使っての健康的な料理レシピ開発や発酵食を使うレシピ開発には定評があり。

パートナーは、イタリア料理店の名店「リストランテ アクアパッツア」オーナーシェフ日高良実氏。

# 小泉和子　4

# 昭和の住舞い方

昭和のくらし博物館として公開している小泉家住宅。

私は東京都大田区で、無人になった実家を平成一一年（一九九九）から「昭和のくらし博物館」として公開しています。昭和二五年（一九五〇）に始まった住宅金融公庫の融資をうけて、翌二六年に建った公庫住宅です。当時東京都庁で建築技師をしていた父が設計して、自分で材料をそろえ、大工を監督して建てた住宅です。木造二階建て、延べ一八坪（約六〇㎡）、一階は玄関と一体の四畳半の洋間と便所、奥に入ると四畳半の茶の間で隣に一畳半の台所、その奥が六畳の座敷で、二階は四畳半二間《ふたま》で、子ども部屋と下宿《げしゅく》部屋です。いまやこういう住宅はほとんど残っていないので、戦後の庶民住宅《しょみんじゅうたく》の一つの資料として公開することにしたのです。

家財《かざい》もそのまま残っていたので、洋間には父のデスクや本棚、茶の間には食事が並んだちゃぶ台、台所には木製冷蔵庫や蝿帳《はいちょう》をおくなど、わが家がくらしていた状態を公開して

台所の上げ板
甕のほか、醤油や酒の瓶、炭、
炭団、豆炭、練炭などの燃料が入っている。

上：玄関。造り付けの下駄箱
左：上がり框の下の引き出し。3つ引き出しを設けて、季節外の履物を仕舞えるようになっている。

上：玄関と一体の洋間。家具も父の設計
右：本棚の側面上部に小さな扉がある。父が建築技師だったので、図面巻いて収納できるようになっている。前面は文庫入れ。
左：夜間のほこり除けの椅子カバー。昭和のくらし博物館の閉館時はカバーをかけておく。

座敷。左は箪笥置場となっている。小泉家住宅には、箪笥や茶箪笥など収納家具が壁面に納まるように置場がつくられているため、室内にはみ出さず、部屋が広く使える。右の書院の下は地袋。掛軸や火鉢や櫓炬燵などを入れる。

います。展示の年代は経済成長直前から最初期の昭和三〇年代から四〇年代前半頃を中心としています。

## 昭和の仕舞い方

昔、どこの家にもあった造り付けの収納場所があります。押入れと上げ板です。天袋《てんぶくろ》や地袋《じぶくろ》、階段箪笥がある家もありました。また庭に物置《ものおき》がある家も珍しくありませんでした。わが家では、父の設計の工夫で、玄関の上がり框《かまち》の下を靴入れにしたり、階段下を物置にして屋外から使えるようにしてあります。

押入れは布団を入れる場所ですが、わが家では座敷と茶の間、二階の子ども部屋と下宿部屋にありました。座敷の押入れは布団入れですが、茶の間の押入れは、左右に分けて左側

座敷の押し入れと洋服箪笥。押し入れには布団や蚊帳をたたんで入れる。長押の上は天袋になっている。

は洋服箪笥のように使えるようにしてあり、ここには帰宅後の服や普段着をかけます。右側は中に棚をつけて薬類や電球、紐など細かいものを仕舞えるようになっています。座敷の押入れの上にあるのが天袋です。ここには盆提灯《ぼんちょうちん》や雛人形《ひなにんぎょう》など季節外のものや、あまり使わないものを入れておきます。地袋は書院《しょいん》の下にあって、掛軸《かけじく》や櫓炬燵《やぐらこたつ》、火鉢などを入れておきます。

上げ板は台所の床下収納ですが、現在のようなボックス型ではなく台所の床板が全部外せるようになっていて、ボックス型のように囲われていませんでした。このため冷暗所として糠味噌《ぬかみそ》桶《おけ》や味噌甕《がめ》などをおくのに最適です。床板を外せばすぐに仕舞っているものが取り出せるので炭

上：茶の間。正面の障子の向こうに台所、左側に茶簞笥、右側手前に押入れがある。
右：茶の間の押入れの中。右側は家の中で使う道具類、紐やテープ、新聞紙などこまごましたものを仕舞う。
左側はコートや半纏などの衣類掛けになっている。

左：台所。天井から乾物を入れた籠を吊るす。
右上：天井から吊るした籠。高いところは油やほこりがつくので乾物類は紙袋やビニール袋で包んでおく。
右下：布袋。麻や木綿の布袋にサツマイモや豆類を入れた。

や炭団《たどん》などを入れたり、醤油瓶や酒瓶なども入れたりしました。その代わり、鼠《ねずみ》がちょろちょろしたり、冬は床板の隙間から寒い風が入ってきたりして困りました。

　吊るす仕舞い方もあって、台所の天井からワカメや昆布、鰹節《かつおぶし》などの乾物類を入れた籠《かご》を吊るしたり、軒《のき》下《した》に玉ねぎや唐辛子《とうがらし》、干柿や干し飯《いい》、ドクダミなどを吊るして保存しました。ドクダミはお茶にするので、今でも季節になると吊るして干しています。

　台所では布袋も仕舞うえで欠かせませんでした。母は手拭《てぬぐい》を二つ折りにした布袋を何枚も作っておいて、小豆《あずき》や大豆《だいず》、あられやかき餅などを入れていました。

　収納家具にはもちろん、戸棚、食

左：軒下に吊るしたどくだみ。どくだみはお茶にして来館者にふるまう。
右上：茶の間の軒下。風通しがよいので唐辛子や玉ねぎ、干飯などを吊るして保存している。
右下：階段下の物置。スコップなど外で使う道具や大工道具などを入れる。建坪18坪という住宅金融公庫の制限の中で、空間を無駄なく利用している。

器戸棚、本棚、箪笥、行李《こうり》、茶箱《ちゃばこ》がありますが、風呂敷《ふろしき》も仕舞うためになくてはなりませんでした。脇役ですが新聞紙も同様です。大きな紙で、硬すぎず、軟らかすぎず、扱いやすく、空気を通すので包んだものが蒸れない。何よりふんだんに気安く使えます。

物置も大事な仕舞う場所でした。昔は炭などは俵《たわら》で買ったので物置に入れておいて、使う分は切って使いました。切った炭は木箱に入れて上げ板の下に仕舞います。桶、ござ、盥《たらい》、庭仕事に使うシャベルやバケツ、鋸《のこぎり》や鉋《かんな》なども入れました。昔は今のような便利なサービスがなく、自分の家で衣食住の何でもしたので、さまざまなものを仕舞っておかなければならなかったのです。

タオルで作った皿カバー

着なくなったスカートで扇風機カバー

## わたしの仕舞い方

現在わたしがしている仕舞い方も、空き箱や粗品のタオルなどを捨てないで利用する、風呂敷を使う、櫃《ひつ》を使う、引き出しを使う、ガラス瓶を使うなどといった基本的には昭和の仕舞い方です。

捨てないで利用するもので、一番多いのは着なくなった衣服です。

衣類でカバーを作って洋服簞笥の中の服に掛ける、袋を作って扇風機やストーブなど仕舞っておくときにカバーにするなどです。夜間、ほこり除けのために応接間の椅子にもカバーをかけます。このためにはちょっとした手仕事が必要ですが、これも面白いです。

風呂敷は大中小あるので、大きさや形に応じて何でも包める点が便利です。布団には大風呂敷を使います。私は六月と一〇月の衣替えのときに、インテリアも替えるので、暖簾《のれん》や椅子布団、椅子カバーといった季節のは風呂敷に包んで戸棚に仕舞います。

衣類も季節で替えるので、季節外の衣服で、たためるものは桐《きり》の櫃に仕舞います。この櫃は腰掛《こしかけ》を兼ねたもので、桐簞笥屋さんに作ってもらいました。ズボン、ブラウス、Tシャツ、ワンピースとわけて風呂敷に包んで、それぞれに名札をつけておきます。

粗品《そしな》などでたくさんたまってしまうタオルですが、柔らかくてクッション性があるので陶磁器に使います。二つ折りにして両耳を縫って袋にし

左：布団を入れなくなった押入れの上段を洋服掛けに、下段には大風呂敷で包んだ布団を仕舞う
右上：着なくなった衣服で作った洋服カバー　右下：腰掛を兼ねた衣類櫃

種類ごとに分けて風呂敷で包み、名札をはさんでおく

盃・小皿

菓子皿・茶托・おしぼり入

コーヒーカップ

湯呑み

食器類を引き出しに仕舞う

てお皿を一枚ずつ入れます。重ねても動かないので安心です。丼《どんぶり》なども これで大丈夫です。

袋に入れられない湯呑みやコーヒーカップなどは、場所をとらなくて取り出しやすいので引き出しに仕舞っています。この場合は厚手のタオルを半分だけ底に敷いて、湯呑みやカップを並べたら、半分を上にかぶせます。これで引き出しを開け閉めしても中の食器があまり動きません。

小皿や盃など、小さくて数が多いものも引き出しが便利です。この場合は木綿のハンカチや手拭、古浴衣などを重ねて簡単に刺し子をして下に敷いています。

野菜でも玉ねぎや芋類などは引き出しです。ついでにいうとショウガは新聞紙を折って袋にして入れてお

左：新聞紙の袋に入れたショウガ
右：玉ねぎやニンニク・唐辛子・ショウガなどを入れた引き出し

きます。長くおくとしなびてきますが、冷蔵庫のようにぐちゃぐちゃになりません。私は豆類や乾物類をよく使うので、どれだけあるかが外から見えるようにガラス瓶に入れて棚に並べておきます。梅干し、らっきょうも漬けていますので広口のガラス瓶をよく使います。

菓子などの空箱を利用するのは誰でもやっていることですが、私の場合、仕事柄、名刺がたくさんあつまりますので名刺入れにしています。中に仕切りがついているクッキーの空き缶を利用して、県別、職種別に区分して入れておきます。手紙を書くときなどあちこち探さなくてすみます。一度、この名刺をファイリングしたり、名刺を管理する便利な機械を使おうとしたことがあったのですが、この仕舞い方のほうが一目でわかり、使いやすくて、合理的だというのでこのままにしようということになりました。

こんなことで、いずれも誰でもできるような身のまわりのものを使った仕舞い方ですが、極端にものがなかった戦中戦後を生きてきた私の仕舞い方です。

## 昭和三〇年代

最初に書いたように、昭和30年代は、戦後の混乱がやっと治まって、経済成長がはじまろうとしていた時期です。三〇年には米の生産量が一二三九万tという史上最高の豊作となって、配給米《はいきゅうまい》も増加し、食堂での米飯自由販売が始まりました。あのすさまじい飢餓《きが》から何とか脱け出し

クッキーの空き箱を利用した職業別・県別の名刺入れ

たのも三〇年代です。昭和三一年（一九五六）には経済白書が「もはや戦後ではない」と宣言しています。

昭和三〇年代後半からは所得倍増計画による経済成長が始まり、工業化が進展します。テレビ、洗濯機、冷蔵庫が三種《さんしゅ》の神器《じんぎ》といわれて、ボーナスごとに一つずつそろえていくことが生活の目標となりました。

当時、国民の多くを占めていた農民も農地改革で地主による長い軛《くびき》から解放され、独立した農業経営者となりました。

男女同権、家父長《かふちょう》制《せい》の廃止によって女性たちも自由を獲得しました。

そして何より人々が安心したのは戦争放棄で夫や息子が兵隊にとられなくなったことです。よもや政府が軍備増強などといいだす時代がくるとは想像もしませんでした。この時代、日本全体がまだまだ貧しかったのですが、人々は明るい先行きを感じていました。ある意味ではこの時代が明治以降で、多くの日本人にとってもっとも幸福な時代だったのではないでしょうか。

## 経済成長と地球規模の環境破壊

昭和四〇年代の後半になると公害《こうがい》が始まります。経済成長のピークは昭和四三年（一九六八）です。その後は経済成長によってどんどんくらしは豊かになっていきましたが、何よりも経済優先、工業化優先で、そのひずみが社会の各分野で起こってきました。これは日本だけではありません。資本主義のグローバル化で世界中に広がっていき、遂に地球規模での環境破壊というところまできています。

これに対して世界でも日本でも脱炭素のためにさまざまな試みが行われています。そうした大きなところからの試みは重要ですし、不可欠でありますが、私たちの日々のくらし方も考え直さなくてはならないと思います。そこでヒントになるのが高度経済成長以前の三〇年代に代表されるような昭和のライフスタイルではないでしょうか。あんな時代に戻りたくないと思うかもしれませんし、そのままに戻ることはできません。使い捨てでなく、モノを大事にする「もったいない精神」は取り戻さなくてはならないのではないでしょうか。「仕舞う」もその一つだと思うのです。

**profile** 小泉和子（こいずみ・かずこ）
1933年、東京生まれ。東京大学建築学科で工学博士号取得。専門は日本家具室内意匠史・生活史。家具道具室内史学会会長、NPO法人昭和のくらし博物館館長、(有)小泉和子生活史研究所代表。元京都女子大学教授。重要文化財熊谷住宅元館長。各地の重要文化財近代建築の家具の修復・復元、博物館・資料館の展示企画、重要文化財住宅公開のための展示・整備などを行う。
著書『家具と室内意匠の文化史』(法政大学出版局、1979)、『船簞笥の研究』(思文閣出版2011)、『昭和のくらしと道具図鑑』(河出書房新社、2022)、『くらしの昭和史』(朝日新聞出版、2017)など多数。

# 第二部
# 旧家の仕舞い方
## ―仕舞う技

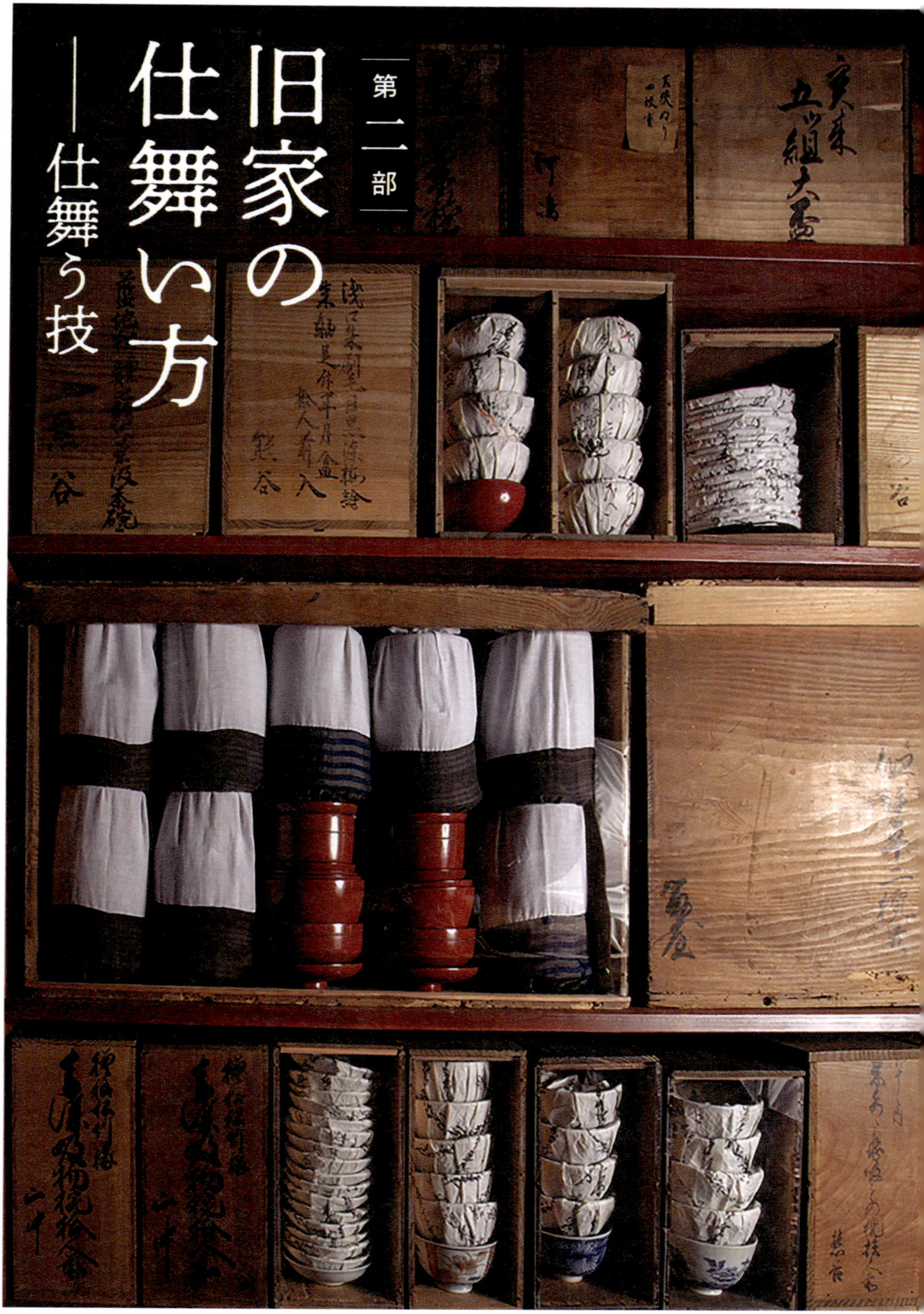

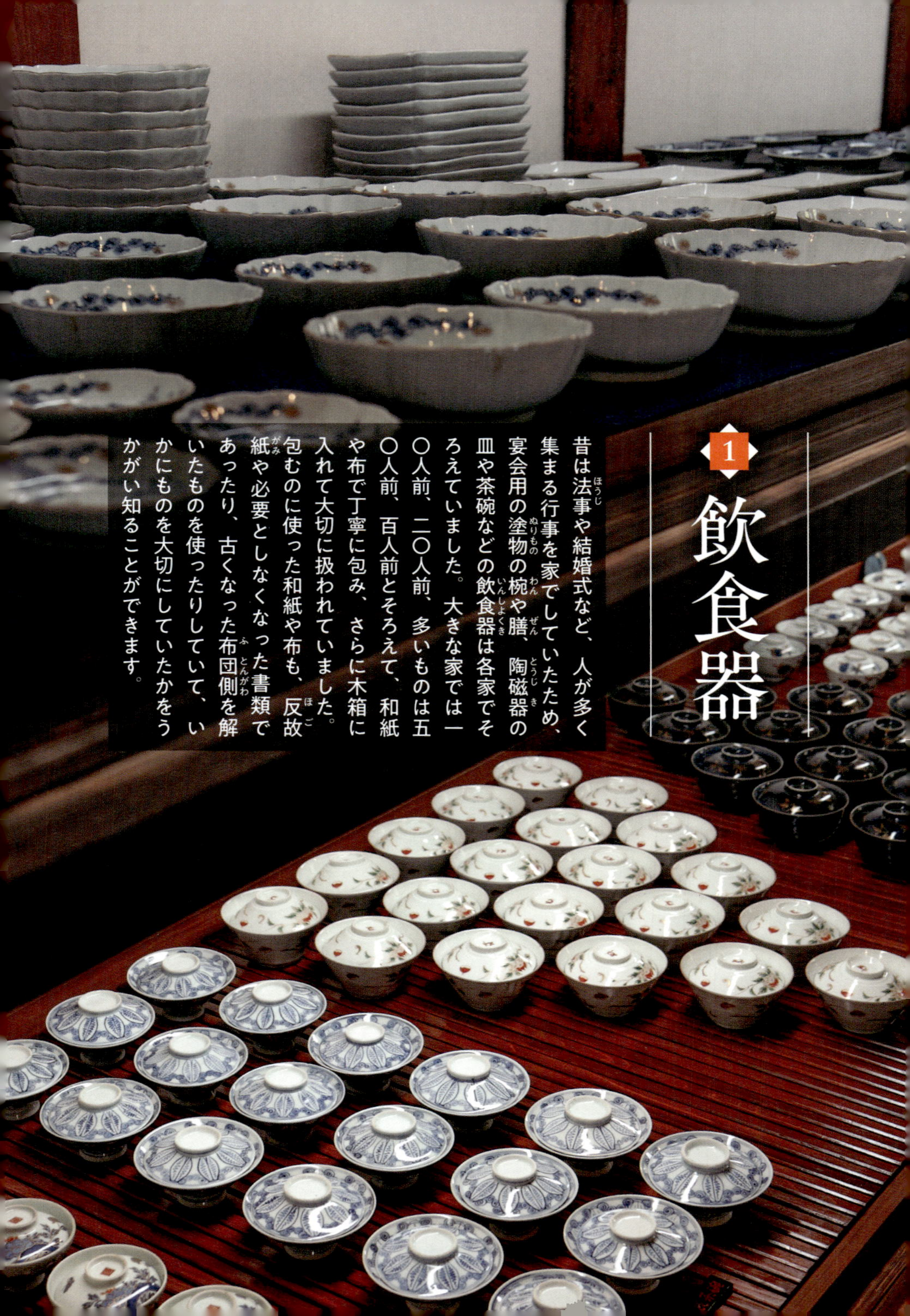

1

# 飲食器

昔は法事《ほうじ》や結婚式など、人が多く集まる行事を家でしていたため、宴会用の塗物《ぬりもの》の椀《わん》や膳《ぜん》、陶磁器《とうじき》の皿や茶碗などの飲食器《いんしょくき》は各家でそろえていました。大きな家では一〇人前、二〇人前、多いものは五〇人前、百人前とそろえて、和紙や布で丁寧に包み、さらに木箱に入れて大切に扱われていました。包むのに使った和紙や布も、反故《ほご》紙《がみ》や必要としなくなった書類であったり、古くなった布団側《ふとんがわ》を解いたものを使ったりしていて、いかにものを大切にしていたかをうかがい知ることができます。

# 飲食器の種類

ここでは、飲食器の種類を材料と用途の違いによって、つぎのように分類します。

**陶磁器**
茶碗・硯蓋《すずりぶた》・皿

**漆器・木器**
椀・皿・湯桶《ゆとう》・盃洗《はいせん》・盃台《はいだい》

陶磁器は、土製の器で、釉《うわぐすり》を施して高温で焼きしめられた耐熱・耐水性のある器のことをいいます。絵付けされたものもあります。

漆器《しっき》は、漆塗《うるしぬ》りの器です。

木器は漆などで塗らず、木地《きじ》が見える仕上げの器のことをいいます。

## 陶磁器

### 茶碗

飯茶碗、吸い物茶碗、奈良茶碗、蒸し茶碗などがあります。

奈良茶碗とは、奈良茶飯《ならちゃめし》といって大豆などを入れて煎茶で炊いた塩味の飯に用いる器です。

飯茶碗

吸い物茶碗

蒸し茶碗

奈良茶碗

石皿

膾皿

小皿

中皿

長皿

## 皿

石皿《いしざら》、膾皿《なますざら》、小皿、中皿、長皿などがあります。

石皿は、煮物を盛ったり、鍋やすき焼きの材料を入れるときに使う大きな皿です。

膾皿は、小型の銘々皿《めいめいざら》です。膾とは、魚、貝、肉、野菜などを刻み、二杯酢、酢味噌、煎酒《いりざけ》(酒に醤油、酢、鰹節《かつおぶし》、焼き塩などを加えて煮詰めたもの。刺身や膾などの調味料に用いる)などで調味した料理のことです。汁気が多いので、少し深めです。

七種組の皿は、長皿、飯茶碗、猪口《ちょこ》の大小、皿の大中、手塩《てしお》、向付《むこうづけ》皿など七種類の食器が一そろいになっており、祝いのときに使います。

# 漆器 木器

## 椀

吸い物椀や椀一式があります。

椀一式は親椀《おやわん》（飯椀）・汁椀・壺椀《つぼわん》・平椀《ひらわん》が一そろいになっていて「百物《ひゃくぶつ》」ともいいます。

椀一式＝百物
［左上］平椀　［右上］壺椀
［左下］親碗（飯椀）［右下］汁椀

吸い物椀

## 皿

楪子《ちゃつ》や木皿があります。

楪子は径六〜七cmほどの小さくて丸く、浅い漆塗りの小皿のことです。干菓子《ひがし》などを盛るのに使います。

楪子

木皿

湯桶と飯櫃（めしびつ）

## 湯桶と飯櫃

上右が湯桶《ゆとう》で「汁つぎ」のことです。「湯」と書きますが、湯を入れて使うわけではありません。中国では湯を「タン」といい、スープのことです。宴席の場合、汁が冷めるので、椀に身を入れておき、汁は湯桶で注ぎます。上左は飯櫃《めしびつ》です。宴会用のため台がついています。

## 盃洗

酒席で返盃《へんぱい》をするとき、盃をすすぐために水を入れておくものです。

## 盃台

盃をのせて客に勧める台です。表面の板が二重になっていて、取り外せるよう端に数か所すき間があいています。そのすき間から、こぼれたお酒を下で受けるようになっています。

盃台（はいだい）

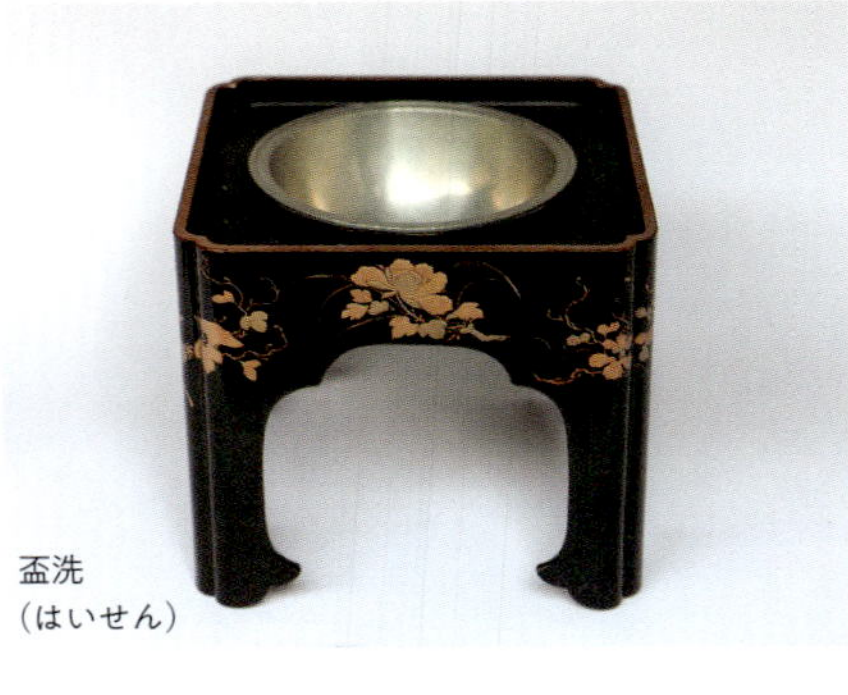

盃洗（はいせん）

## 硯蓋

祝いなどの席で口取《くちと》り肴などを盛る盆状の容器のことです。これには水気の少ない料理を盛りました。漆器が主ですが陶磁器もあります。

硯蓋《すずりぶた》という名前は平安時代に硯箱の蓋に菓子などを盛ったその名残《なごり》です。

柔らかい布で包んだ椀を椀箪笥に納める。

コラム

# 包むもの

飲食器の場合、まずそのものを包み、それを箱や箪笥に納めます。

包むには、紙・布・絹・袋を使います。

紙は和紙が主ですが、その他に新聞紙もよく使われます。和紙は繊維が長く丈夫で柔らかく強いので、ものを包むのに一番適しています。何回も使って柔らかくなっている反故紙も使います。新聞紙は手元にあり、紙が大きくインクに防虫効果があるので、よく使われます。

布は木綿《もめん》・絹・麻・ネルを使います。木綿はたくさんあり、使い古したものも柔らかです。ウコンで染めた黄色い布は防虫効果があり、今でもその名残で、黄色い布がよく使われています。

絹は古くなった布団側や胴《どう》裏《うら》(着物の裏地)を解いたものを使います。とくに紅絹《もみ》のような柔らかい絹は、漆器の木地を傷めないために使います。

麻は丈夫で厚みがあり、使いこなすと柔らかくなるので、パッキングに適しています。

ネルは起毛していて柔らかで、漆器を傷めません。

袋は和紙の反故紙や絹で作り、漆器を包むのに仕舞うものの形に合わせて作ります。

# 仕舞い方

## 陶磁器

陶磁器の場合、割れを防ぐことが目的なので、紙が適しています。

茶碗の大きさに合わせて、ひだをとりながら周囲から巻きつけるようにして、包んでいきます。

ひだもパッキングの役割をするので木箱に納めても動かず割れません。

## 椀

漆器の場合は傷つけないことが重要なので、柔らかな和紙や布で包みます。

そろいになっている高級な椀は専用の箱に入れます。

そうでない場合は引き出しや大きな箱にたくさん詰めておきます。その場合もガタガタすると割れたり傷ついたりするので、動かないようにきっちり納めます。

## 膳

膳《ぜん》のようにそろったものを箱に納める場合、紙や布でただ包むと、かさばって場所をとり、納まらないことがあります。このため袋にするときちんと納まります。

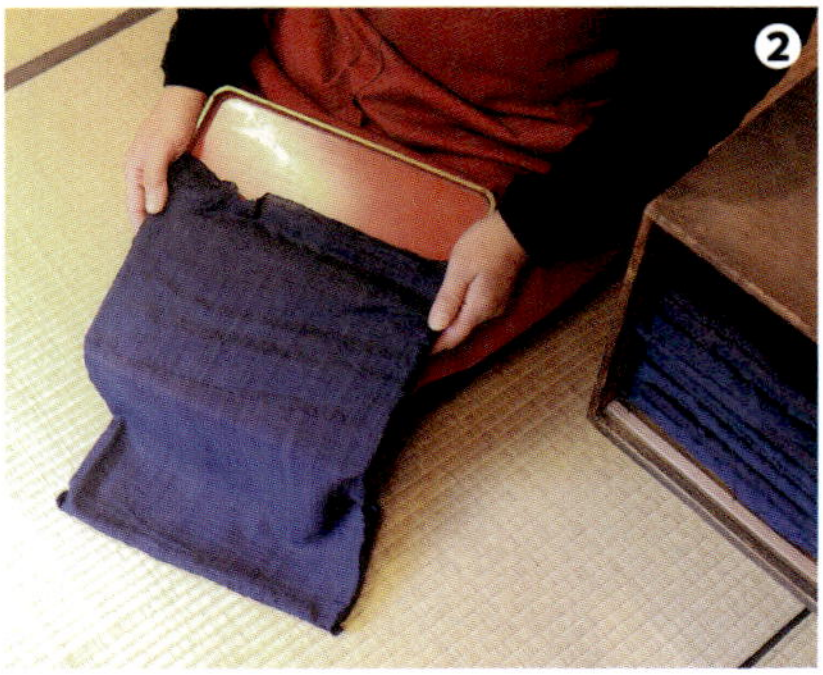


袋は和紙の反故紙や布団側を再利用して、膳の大きさに合わせて作ります。

袋に一つずつ入れた膳は、重ねて木箱に納めます。

## 椀一式

下から平椀の蓋、平椀の身、親碗の身、汁椀の身、汁椀の蓋、壺椀の身、親碗の蓋、壺椀の蓋の順に重ねたら、専用の袋（百物袋）に入れます。

漆器の椀一式を仕舞う場合は、身と蓋を順番に重ねます。

箱に納めます。一組になっているので出したときにそのまま膳にのせられます。

## 2 家具調度品

エアコンや床暖房などなかった昔は四季の気候の変化が直接室内に影響を及ぼしました。このため夏涼しく、冬暖かく暮らすのに、季節によってしつらいを替えましたので、季節に合わせた家具調度品を用意していました。

また、冠婚葬祭《かんこんそうさい》、宴会、来客接待、年中行事《ねんちゅうぎょうじ》なども家で行っていましたので、それに必要な家具調度品も多数、そろえてありました。これらは必要に応じて出したり、仕舞ったりしましたが、とくに品物を傷めずに仕舞うことは大事でした。このためどこの家でも、そのための方法を心得ていました。

「仕舞う」展示／旧河島家土間上のつし二階入口右手の壁

# しつらいと家具調度品

| | 季節 | 冠婚葬祭 | 宴会来客 |
|---|---|---|---|
| 掛物 | 御簾 | | |
| 敷物 | 茣蓙<br>籐あじろ・油団<br>籐むしろ・毛氈<br>緞通・座布団 | 毛氈 | 毛氈<br>緞通<br>座布団 |
| 調度品 | 屏風<br>掛け軸<br>火鉢<br>煙草盆 | 屏風<br>掛け軸 | 屏風<br>掛け軸<br>火鉢<br>煙草盆 |
| 照明具 | | 提灯 | 提灯 |

しつらいの目的によって、家具調度品は上のように分類します（家具調度品の種類は多種多様ですが、ここでは最小限度の、ごく一般的なものだけとしました）。

## 季節のしつらい

**夏**（61頁上段写真）

三間《みま》の続き部屋と入口側（写真右側）の境には御簾《みす》がかけられ、写真の左側の部屋境は、襖《ふすま》を取り外して簀戸《すど》を入れてあります。縁側《えんがわ》の外には日除けの簾《すだれ》もかかっています。奥の間・次の間・三の間には網代《あじろ》、控えの間・内縁三畳・内縁四畳には籐《と》むしろが敷かれています。床の間には三幅対《さんぷくつい》がかかり、卓には香炉《こうろ》がのっています。

**冬**（62頁下段写真）

襖を立て、奥の間には緞通《だんつう》が部屋いっぱいに敷かれています（写真では続き間の境の襖がはずしてあります）。このほか必要に応じて屏風《びょうぶ》を立てます。

## 冠婚葬祭のしつらい

（62頁上段写真）

玄関を開け放ち、灯台《とうだい》で明るくし、両脇に家紋《かもん》入りの高張提灯《たかはりちょうちん》を立てます。この他、壁に沿ってまん幕を張ります。

## 宴会来客のしつらい

（62頁下段写真）

襖を取り払って広間とし、五色の毛氈《もうせん》を配色よく敷きのべます。灯台をともし、低いテーブルを並べます。入口の奥には、屏風を立て、花を飾ります。

重要文化財熊谷家住宅　一階座敷・奥の間・次の間・三の間
御簾をかけ網代を敷く

重要文化財熊谷家住宅　一階座敷・奥の間・次の間
襖を立て緞通を敷く

重要文化財熊谷家住宅　玄関

重要文化財熊谷家住宅　一階座敷・奥の間・次の間・三の間

# 種類と仕舞い方

## 掛物

### 御簾

御簾《みす》は縁《へり》のついた上等なもので座敷で使います。

同じようなもので簾《すだれ》は縁がつかず、外に面したところで使うものをいいます。

御簾も簾も日本では古くから使われ続けています。形もあまり変わっていません。それだけ日本の夏の気候に適していたのです。

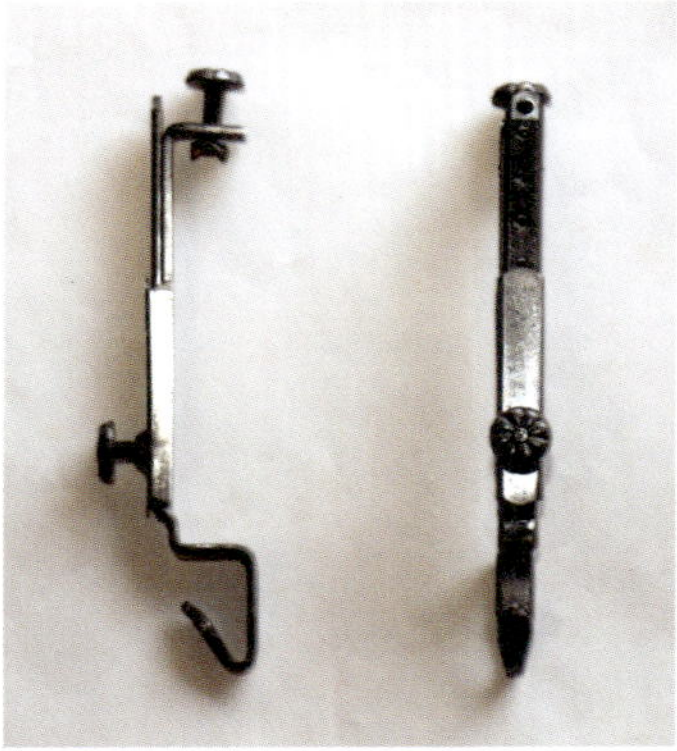

御簾は長押のところで鉤（こう）という掛け金具で吊り下げてあります。

御簾は巻きあげられるようになっていて、巻きあげたときにかけるための鉤（こ）という馬蹄形（ばていけい）の金具と房がついています。

## 仕舞い方

まず、鉤をはずして別に包みます。

つぎに、御簾の全体のほこりを払うために、はたきで払ったり乾いた布で拭いたりします。

鉤のところは紙や布でくるんで養生し、房も整えて紙で巻いておきます。

ほこりを落としたら下から巻きあげるか、写真のように屏風だたみにします。

巻くか屏風だたみにしたものを専用の箱に納め、湿気のないところで保管します。

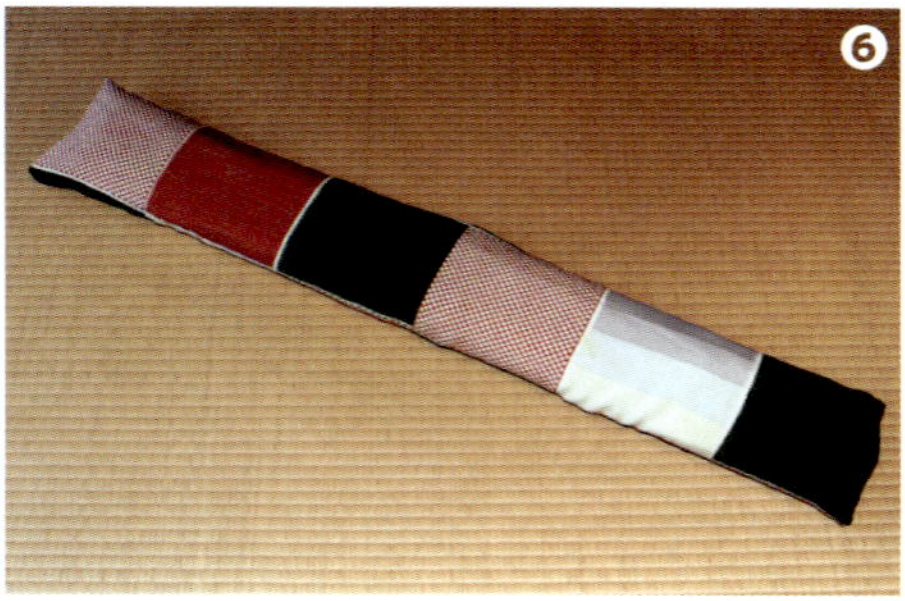


簾などは新聞紙やハトロン紙、古布などで巻いて、同様に保管します。

敷物

## 茣蓙

茣蓙《ござ》は、藺草《いぐさ》の茎《くき》で織った敷物で、薄縁《うすべり》ともよばれます。茣蓙には左のように畳の上一面に敷く上敷きと、部分的に敷く茣蓙があります。

上敷きは居間や茶の間などよく使う部屋の畳を保護するために畳の上に敷くものです。

茣蓙は使うときだけ敷き、使わないときは仕舞います。ふつう、茣蓙は無模様のものをいいますが、模様を織り込んだものは花茣蓙とよばれます。

裁縫や生け花のとき、着物をたたむとき、畳の上でも板の間でも、上に敷いて使います。また、花見のときにも使います。暑い夏に寝るときに使う寝茣蓙もあります。

茣蓙を敷いて着物をたたむ

よく乾かしてほうきなどでほこりを払い、汚れている場合はよくしぼった雑巾《ぞうきん》で丁寧に拭きます。乾いてから端から丸めて形を整え、外側にほこりよけのため紙を巻いたり、布で包んだりします。布は大きなものが必要ですので古い布団側をはがしたものなどを使ったりします。

中がわかるように貼り紙をしたり、荷札《にふだ》をつけたりしておくと便利です。

保管場所は湿気がなくてじゃまにならない上の写真のような吊り棚などが適しています。

「仕舞う」展示／旧河島家土間上のつし二階天井

# 籐あじろ 籐むしろ

籐あじろ

籐あじろ（拡大）

籐むしろ

籐むしろ（拡大）

籐《とう》という素材はもともとインドネシア等の熱帯の密林の中で生きている植物なので湿気をコントロールする機能があります。六月、七月の湿気の多い時期に最適な素材の一つで、表面が冷たく、つるつるしていて足ざわりがいいので畳の上で夏の敷物として使われます。

籐あじろと、籐むしろでは、籐あじろのほうが上等です。

籐あじろは籐を薄く細く裂いて編み込んで仕上げたものです。編み込む作業とまわりのかがりの部分に熟練の技と手間がかかるので、値段も高いものです。肌ざわりが柔らかで趣《おもむき》に富んでいるので客座敷とか書斎、茶室などに使われます。

籐むしろは、細く長くした籐を縦糸でつないで一枚に仕上げたものです。丈夫なので座敷はもちろん居間や広縁にも使われます。

あじろを巻く

## 仕舞い方

表側裏側ともにから拭きして、陰干しします。とくに裏側の湿気を充分にとります。

その後端からゆるめに巻いて紐で結び、蔵のような湿気の入りにくいところや、風通しのいい天井に吊るすなどして仕舞います。

籐あじろ、籐むしろとも、敷いたときに巻き癖が出る場合があります。その際は、かたくしぼった濡れ雑巾で拭くとその水分により巻き癖がおさまります。手入れはシーズンごとに一、二度、ガーゼをごくわずかな植物性の油でしめらせ、籐の表面をなでるように拭きます。

かたくしぼった濡れ雑巾で拭いて巻き癖をとる

## 油団（油単《ゆたん》とも）

油団《ゆとん》は、和紙を広く厚く貼り合わせて、桐油《きりあぶら》や荏胡麻《えごまあ》油《ぶら》を塗った敷物です。ひんやりとした感触から夏用の敷物として使われれます。良質の和紙をたくさん使用し、手間のかかる作業なので、高価で主にお金持ちや料亭などで使われています。

上手に使えば三、四年目から飴《あめ》色《いろ》に変化していき、七〇年から百年ももち、しかも美しさを増すともいわれます。手入れをして使うと光沢《こうたく》がでてきます。

つるつるでつやがあり鏡のような様子から、高浜虚子《たかはまきょし》が「柱影映りもぞする油団かな」という句を詠《よ》んでいます。

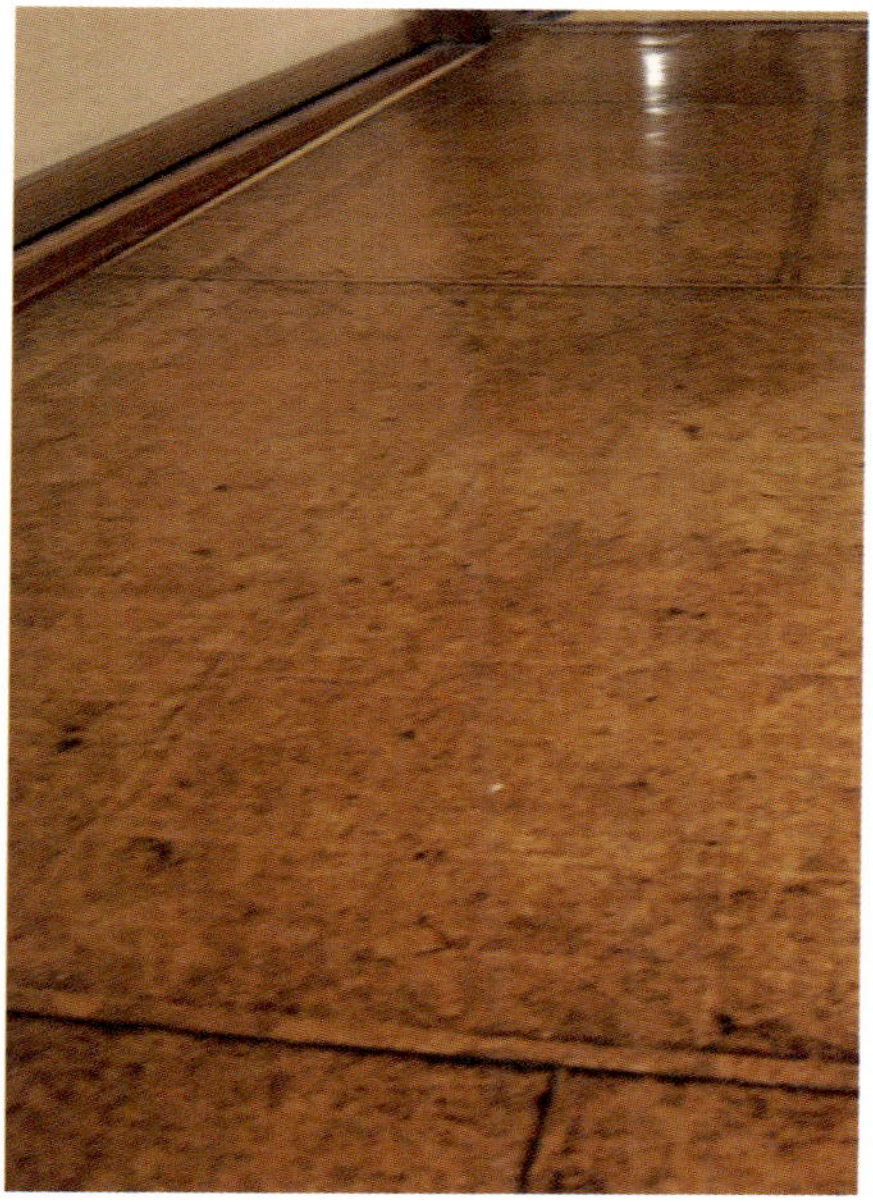

### 仕舞い方

かたくしぼった雑巾で軽く拭き、しばらく乾燥させてから丸めます。巻くとかなり場所をとりますので風通しのいい縁側や土蔵などの天井に吊るして保管します。下の写真は納戸《なんど》の天井の梁《はり》に縛りつけてあります。こうしておけば場所もとりませんし油団も傷みません。

「仕舞う」展示／旧河島家土間上つし二階窓側天井

# 毛氈

毛氈《もうせん》にはフェルト製と毛織物があります。

さかんに使われるようになったのは江戸時代にオランダから安い羅紗《ラシャ》（毛織物）が輸入されるようになってからです。

緋《ひ》毛氈がよく使われましたが、色は紅の他、紺、紫、緑、黄、茶などいろいろなものがあります。

熊谷家住宅の行事、「春　高楼で花の宴」や、「秋　雑物茶会」のときにも使っています。五色の毛氈を組み合わせて華やかなしつらいをしています。

春　高楼で花の宴／熊谷家住宅のおもてなし

秋　雑物茶会／熊谷家住宅のおもてなし

## 仕舞い方

仕舞う前に表面のほこりをきれいに払います。
汚れがあったときはつぎのようにして石けん水でとります。

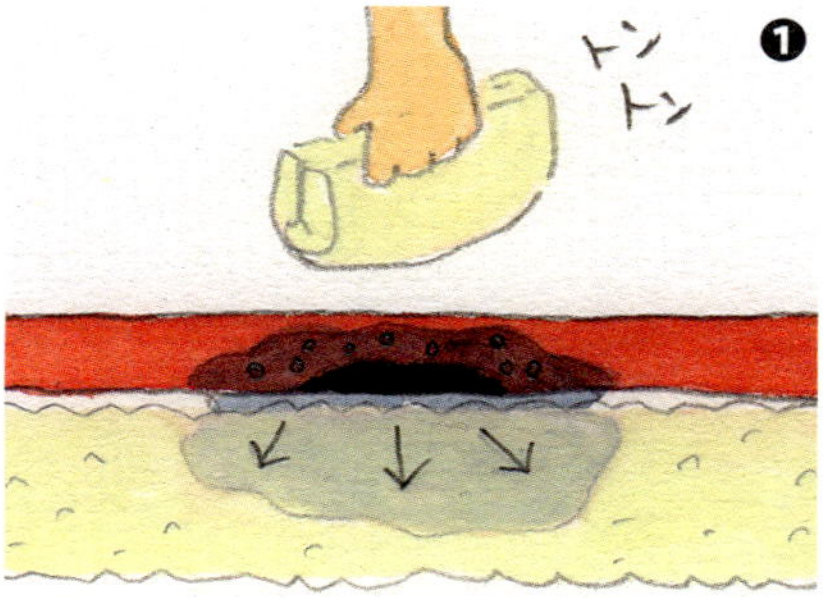


まず、石けん水でぬらし、汚れを吸い取るタオルや手拭の上に汚れの面を下向きにおきます。上から布を丸めたものなどでとんとんと軽く叩いて汚れを下の布に吸い取らせます。

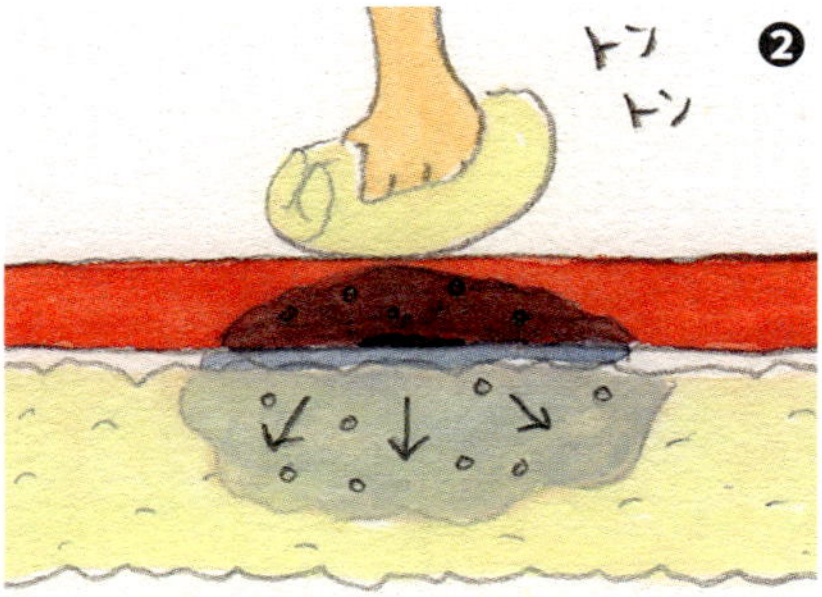


汚れがとれたら下の布も替え今度は石けん分を抜きます。水でぬらし下向きにおき同じように軽く叩いて石けん分を下の布に吸い取らせます。これを2～3回くり返し、石けん分をしっかりとります。

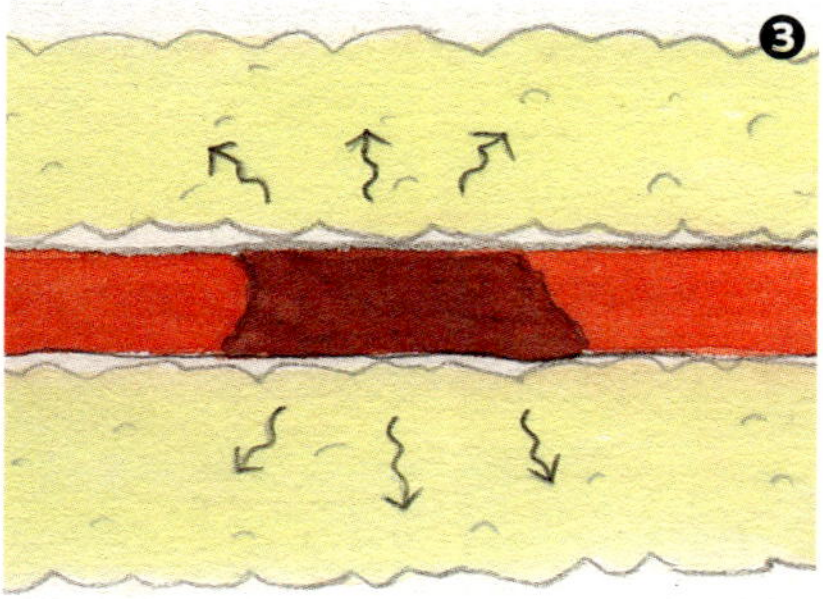


つぎに、乾いた布ではさんで水分をとり、よく乾かします。

すっかり乾かしてから、端からくるくると巻いて筒状にし、防虫剤を入れて紙に包みます。

毛氈は、柔らかいので立たせておくことができないため平らなところにおきます。

# 緞通

緞通《だんつう》は、中近東から中国に伝わり、朝鮮半島をへて江戸時代のはじめに日本に伝わってきたといわれます。日本では九州の佐賀藩、和泉《いずみ》の国堺《さかい》、播磨《はりま》の国赤穂《あこう》などで生産されました。緞通は、織り上げるのに長い時間のかかる高級なものです。

緞通の材料は、毛糸、絹糸、木《も》綿《めん》の糸などのよりあわせ糸が使われます。また、文様には植物文、動物文、幾何学文などがあります。

江戸時代に煎茶《せんちゃ》がさかんになり、煎茶は中国趣味のため茶席に緞通が用いられました。その名残で緞通はかつて煎茶がさかんだった京阪地域、中国北陸地方で好まれています。

これは熊谷家《くまがいけ》住宅の緞通です。公開に当たり復元製作したものです。堺緞通で、文様は堺市の文化

## 仕舞い方

❶ まず陰干しをしてほこりや汚れをとります。

❷ きれいになったら端から巻いていきます。

❸ 防虫剤を入れて紙で包み、ほどけないように紐で縛ります。このとききつくなりすぎないように気をつけます。

上の写真のように箱に納めたり、棚などの平らで湿気の少ないところに入れておきます。

財に指定されている文様帖の中の一つ、伝統柄の「蟹《かに》ぼたん」です。現在は堺でもわずかに保存会が技術の保存をしている状態のため、保存会に織ってもらいました。

# 座布団

座布団《ざぶとん》の原型は平安時代に貴族の間で使われていた茵《しとね》です。茵は約九〇cm四方の額縁座布団のような真綿《まわた》入りの絹製の敷物です。室町時代末になると木綿綿《わた》を布地で包み、茵より小さく厚いものが作られました。

今日の形の座布団は江戸時代になってからで、当時は貴人《きじん》だけに使われていました。一般に使われるようになったのは明治以降のことです。布地の種類は絹、木綿、夏用には麻、藺草《いぐさ》、パナマ、皮革などを使ったものもあります。

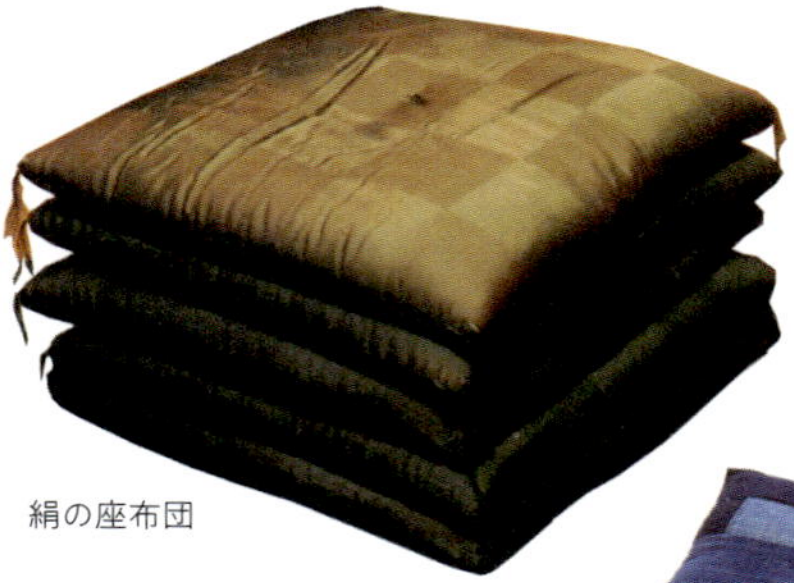

絹の座布団

木綿の座布団

麻の座布団

パナマの座布団

牛革の座布団

## 仕舞い方

絹、皮革、藺草、パナマのものは陰干し、木綿綿、麻のものは陽に当ててよく乾かし、ほこりをはたいて取り込み、熱気を冷ましてから座布団が五枚入る大きさの布団袋や大風呂敷に包んで長持《ながもち》や押入れに保管します。

下の写真は座布団を長持に納めた様子です。左右に五枚ずつちょうど十枚が入るようになっています。

本間屏風

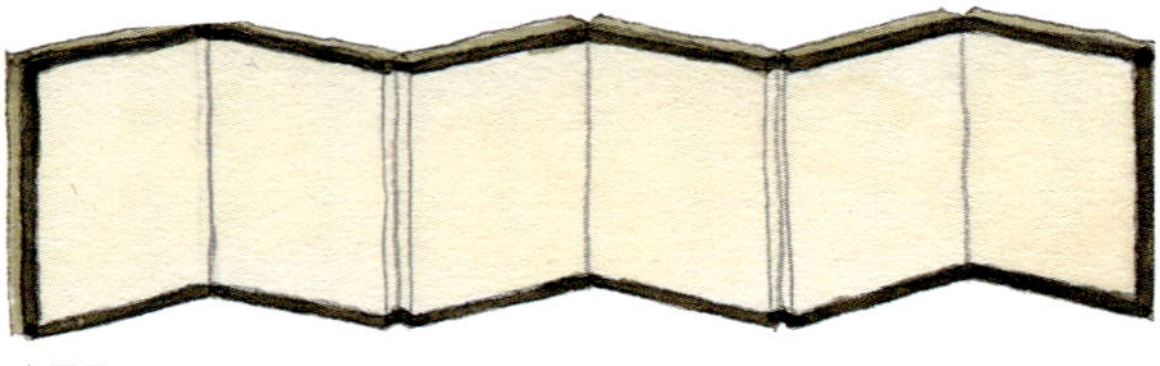

小屏風

調度品

## 屏風

日本の伝統的な住まいにとって屏風《びょうぶ》は欠かせないものでした。季節の行事によってそれぞれの屏風が決まっていましたので、大きな家ではたくさんの屏風を備えていました。

屏風は大きさで分類すると、高さ六尺（約一・八m）を**本間《ほんけん》屏風**といい、それより小さいものを**小《こ》屏風**といいます。

使用目的で分けると枕屏風、簾《すだれ》屏風、金屏風などがあり、図柄で分けると絵屏風、書屏風、無地屏風などがあります。

枕屏風

絵屏風

簾屏風

書屏風

金屏風

無地屏風

屏風には、六曲《ろっきょく》、四曲、二曲などがあり、二並べ一組を一双《いっそう》と数えます。また単独のものは一隻《いっせき》と数えます。

屏風の各部分には、特別なよび名があります。

屏風は一面ずつつながっていて折りたたみできることから、**扇**《おうぎ》に見立てて**扇**《せん》とよび、両端はとくに**扉**とよびます。扇と扇は和紙の丁番《ちょうばん》「**おぜ**」でつながっています。屏風のまわりについている木は**椽**《ふち》とよび、垂直の椽を**竪椽**《たてぶち》、水平の椽を**横椽**とよびます。絵や書が書かれた部分を**本紙**といいます。本紙と椽の間の装飾の布の部分を**軟錦**《ぜいきん》とよびます。

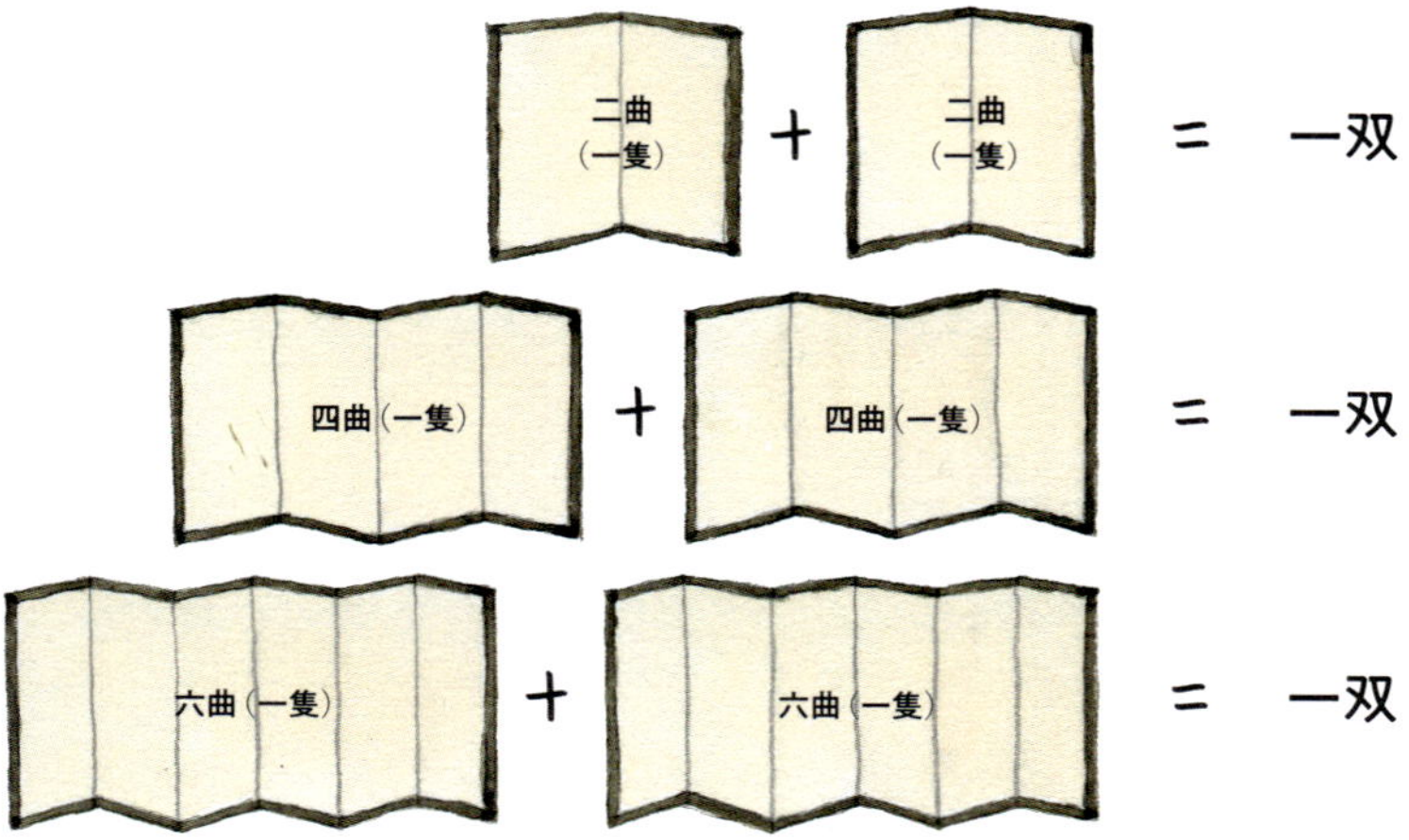


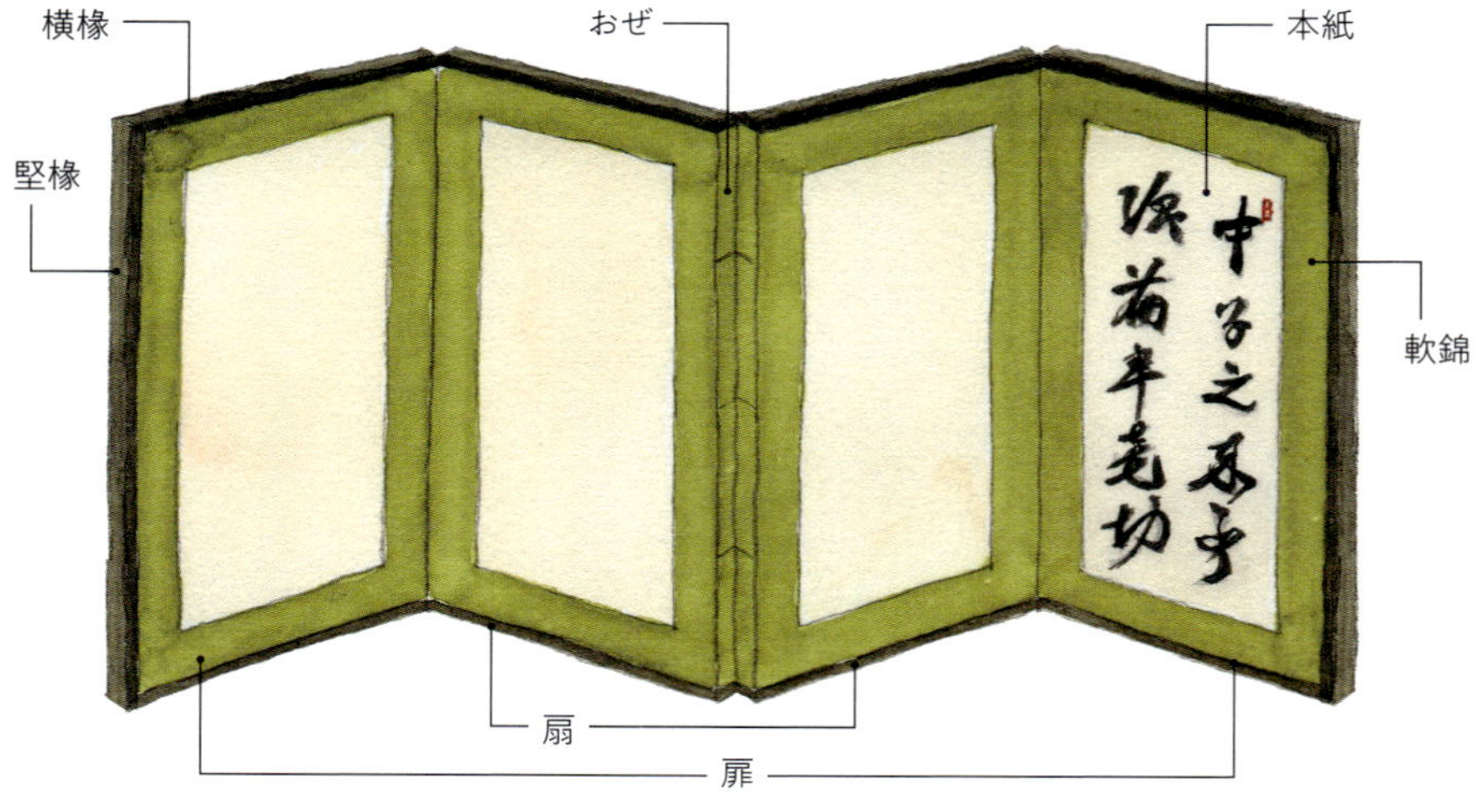

## 仕舞い方

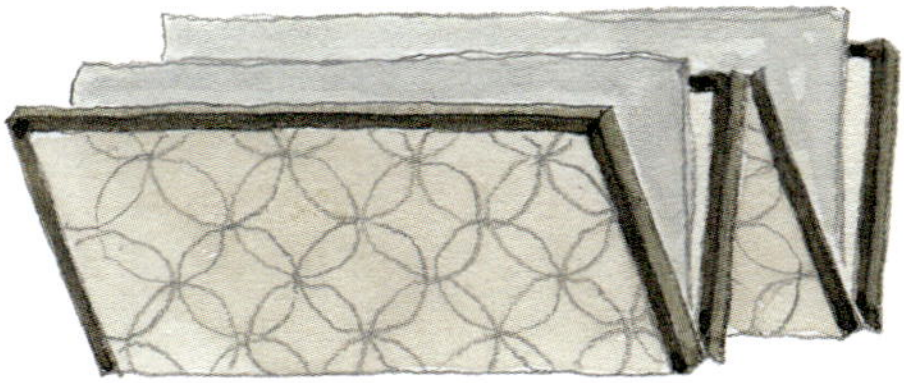

❶ 羽根ほうきなど紙を傷めないものでほこりを払い、表同士が当たるところには薄い和紙をはさんでたたみます。

❷ たたんだ屛風が入る大きさの木綿か和紙の袋に入れます。

❸ さらに屛風箱にしまい、湿気の少ないところに保管します。

# 掛軸

掛物、掛幅《かけふく》、また軸、幅ともいいます。床の間にかけるもので和風住宅の室内装飾の中心的な存在です。このため季節、行事などに合わせて、絵画、墨跡《ぼくせき》など種々のものがあります。

単独でかけるものは**独幅**《どくふく》、二幅一揃いは**対幅**《ついふく》、さらに**三幅**《さんぷく》**対**《つい》、**四幅対**《よんぷくつい》などもあります。また、横長の**横幅**《よこふく》もあります。

掛軸《かけじく》の部分には、独特の名前がついています。

表側は、書画などの書かれた真ん中のものを**本紙**といい、上の部分を**天**、下を**地**といいます。

独幅

対幅

三幅対

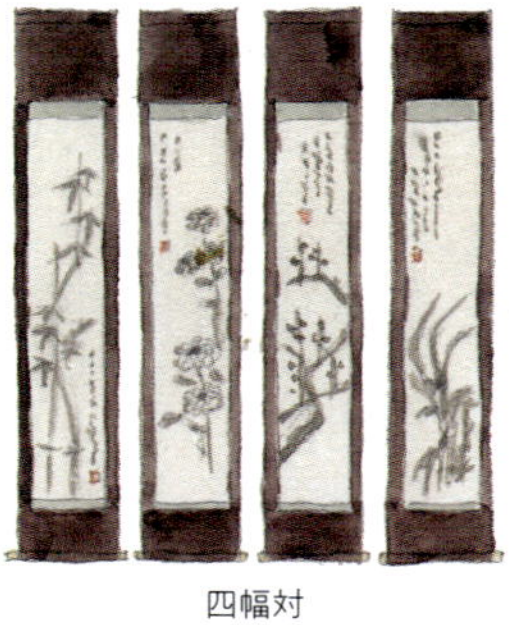

四幅対

横幅

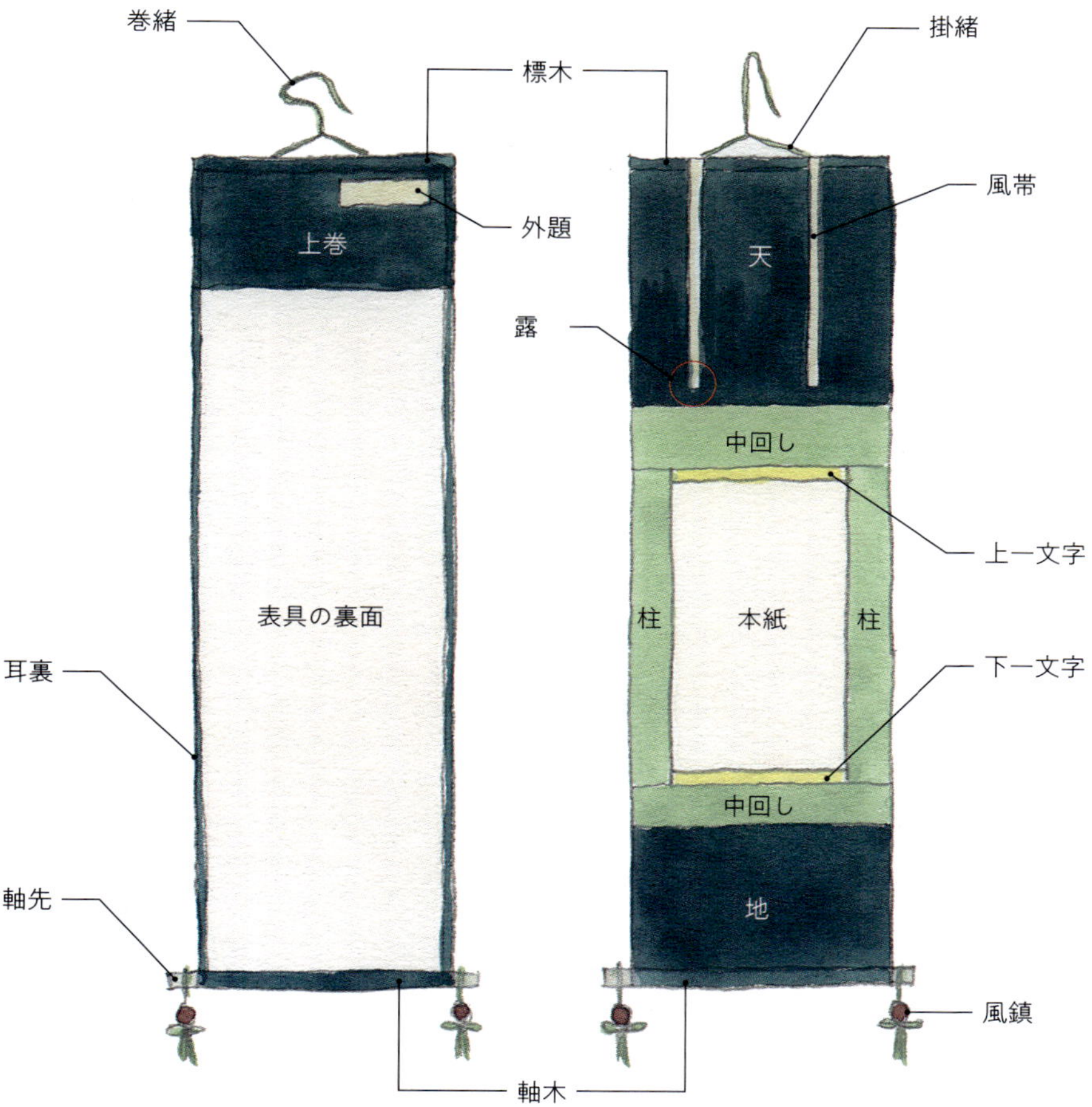


裏側　　表側

本紙の横を**柱**といいます。本紙のすぐ上の装飾部分は**上一文《かみいちもん》字《じ》**、下を**下一文字**といいます。そして上一文字の上側と下一文字の下側を中回し、全体を支える横木を**標木**《ひょうぼく》、そこから下がる二本の帯を**風帯**《ふうたい》、その先端を**露**《つゆ》といいます。さらに一番上のかけるための紐の部分を**掛緒**《かけお》とよびます。軸の一番下は**軸木**《じくぎ》で、その両先の部分を**軸先**《じくさき》とよびます。軸木の両端には装飾を兼ねた重しの**風鎮**《ふうちん》をかけます。

裏側は、上の部分を**上巻**《かみまき》といいます。ここは巻いたときに外側に出る部分です。その右上に題目を書いた**外題**《げだい》がついています。また掛緒から下がる紐は**巻《まき》緒《お》**とよび、軸を巻いたときに巻き止めるものです。

## 仕舞い方

❶かけた状態で羽根ぼうきを使って軽くほこりを払います。

❷よく払ったら両手で軸木の両端を持って下から巻きあげていきます。巻くときにきつくなりすぎないように気をつけます。

❸風帯の下まで巻いたところで軸の中央を左手でつかみ、右手で矢《や》筈《はず》を使って掛軸をはずします。

❹標木の下まで巻いたら風帯をたたみます。風帯は左が下、右が上になるように折りたたんで巻き終えます。巻緒を回して固定します。

❺巻緒で整えた掛軸は、布に包んで専用の箱に納めます。

❻数が多い場合は、専用の棚や軸物箪笥に仕舞います。

❶

❷

❺

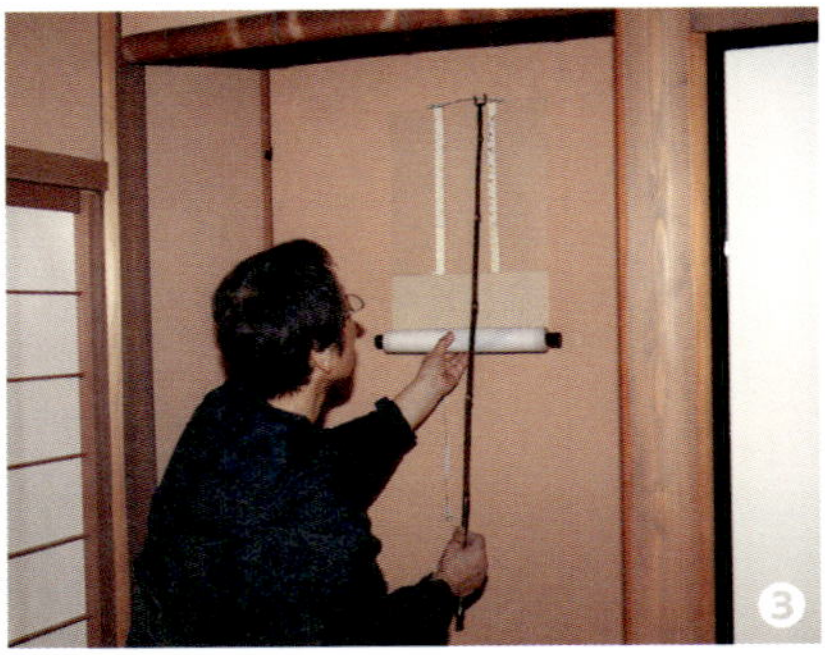
❸

❻

❹

## 火鉢

火鉢《ひばち》には木製の丸火鉢、箱火鉢、長火鉢、金属製は銅、鉄、合金などの丸型、角型、陶磁器製の丸型、角型、籐製の丸火鉢各種があります。

火鉢は、冬に暖をとるだけでなく、昔は夏、煙草盆《たばこぼん》代わりに客に出すこともありました。

人寄せや客用には一人一つあるいは二人に一つずつ用意したので、客の多い家では五客、一〇客、二〇客とそろえておきました。そろいの火鉢は専用の木箱に入っていました。

金属製の火鉢（丸型）

木製の丸火鉢

長火鉢

### 仕舞い方

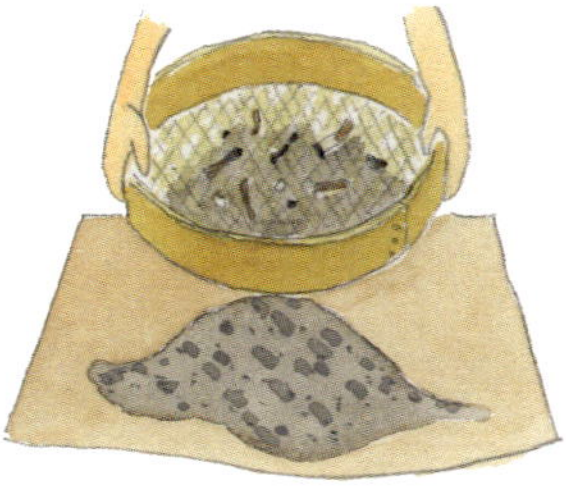

❶まず、灰を篩《ふるい》でふるって煙草の吸い殻、マッチの軸、古釘などを取り除き、きれいにして戻します。

❷灰の手入れがすんだら、ほこりが入らないように上に紙や板をかぶせます。

❸ 「仕舞う」展示／旧河島家土間上のつし二階入口右側

専用の木箱に納めます。
火鉢を出すときは藁《わら》などで新しい灰を作って足します。そうすると空気を含んだ灰で、火がよく熾《おこ》ります。

# 煙草盆

煙草盆《タバコぼん》は江戸時代から戦前まで使われていた煙管《キセル》で刻《きざ》み煙草を喫《の》むための道具です。火入れ、灰吹《はいふき》、煙草入、煙管で一組のものです。煙草入れと煙管を省略することもあります。火入れはマッチがなかった頃、火種を入れておくためのもので、灰の中に小さな炭火《すみび》を埋めておきます。煙管は詰められる煙草の量が少ないのでちょいちょい火をつけなければいけません。そのために火種が必要になります。灰吹は吸い殻を入れるもので、ふちに煙管をぱんぱんと当てて吸い殻を落とし入れます。

煙草盆には実用品から漆塗りで家紋を入れた上等なものや趣向を凝らしたものまでさまざまなものがあります。形も引き出し型のもの、手提げ型のもの、盆型のものなどいろいろです。客用は一人に一つずつ出したので、一〇客、二〇客とそろっています。

## 仕舞い方

火入れの灰は普段から火鉢と同じように灰をきれいにしておきますが、仕舞うときはいったん灰を大きな紙を広げて、そこにあけて篩でふるってきれいにします。

❶
それぞれの道具は火入れに紙をかぶせ、灰吹も割れないように和紙でひとつずつ包んで煙草盆に納めます。

❷
数が多いそろいの場合は専用の木箱に納めます。

# 提灯

提灯《ちょうちん》は蠟燭《ろうそく》を使う携帯用の照明具で、ここにあげたものは、江戸時代から昭和戦前まで使われていた主な提灯です。

この中で、ぶら下げて使うものはつぎの四つです。

箱提灯はたたむと上の枠が下の枠にちょうど箱のようにはまることから、その名がつけられたといいます。

小田原提灯は小型で懐中《かいちゅう》に入れられる携帯用のものです。

ぶら提灯は一本の棒で吊り下げられるようにしたものです。

馬上《ばじょう》提灯は馬上で雨を防ぐための傘をつけたものです。

また、おいたとき、たたまれないようにしたものもあります。

弓張提灯は、支え棒をつけたり、片手でも使えるように工夫されたものです。

高張提灯は、婚礼や行事のときに門前など、高いところに立てるものです。

ぶら提灯

箱提灯

小田原提灯

弓張提灯

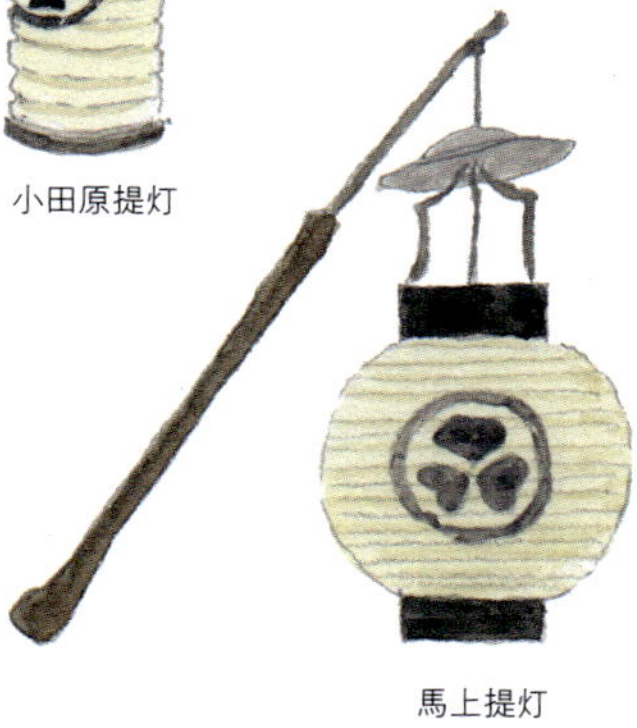

馬上提灯

高張提灯

## 仕舞い方

提灯のほこりを払い、一つ一つ和紙や布製の袋や専用の提灯箱に入れて、壁の高いところにかけて保管します。

下の写真は河島家住宅に展示している状態です。紺色の袋は布製、その下の袋は和紙製で柿渋を塗って防水性と強度を加えてあります。

右の写真は提灯箱で、家紋や家の名前を入れてあります。大きな家では行事などにたくさんの提灯が必要でしたから、一つずつ提灯箱に入れて、すぐに取り出せるように入口の土間の壁などにかけてありました。

「仕舞う」展示／旧河島家土間上のつし二階入口右側

## 3 衣服

日本には四季があり、季節によって気温や湿度が異なります。そのために季節に合わせた着物が作られました。春・秋は袷《あわせ》、初夏・初秋は単《ひとえ》、夏は薄物《うすもの》、冬は綿《わた》入れなど衣替《ころもが》えをして使い分けます。このため保存収納も一様ではありません。着物は洗濯が容易にできないので、虫干しをしてほこりや汚れを落とし、それぞれの種類別に一枚ずつたたみ、高価なものは、たとう紙や布などに包んで箪笥《たんす》や行李《こうり》に仕舞いました。

# 衣服の種類

衣服の種類は、数えきれないほどありますが、その中でも和装の衣服には、長着《ながぎ》、羽織《はおり》、帯、袴《はかま》などの種類があり、それぞれ男性用と女性用があります。

これを素材から見ると、縮緬《ちりめん》の振袖《ふりそで》、金襴緞子《きんらんどんす》の留袖《とめそで》など絹製の高価なものから、紬《つむぎ》・木綿《もめん》製の外出着、普段着、木綿・麻製の簡略化された作業着などになります。

また季節によって、春・秋は袷《あわせ》、初夏・初秋は単《ひとえ》、夏は薄物《うすもの》、冬は綿入《わたい》れなど衣替えをして使い分けます。このため仕舞い方も種類や素材によりそれぞれ異なります。

| | |
|---|---|
| 種類 | 長着<br>羽織<br>帯<br>袴 |
| 素材 | 絹（縮緬・金襴緞子）…晴れ着<br>絹（紬）・木綿…外出着・普段着<br>木綿・麻…作業着 |
| 季節 | 袷（春・秋）<br>単（初夏・初秋）<br>薄物（夏）<br>綿入れ（冬） |

コラム

# 着物の部分名称と袖の種類

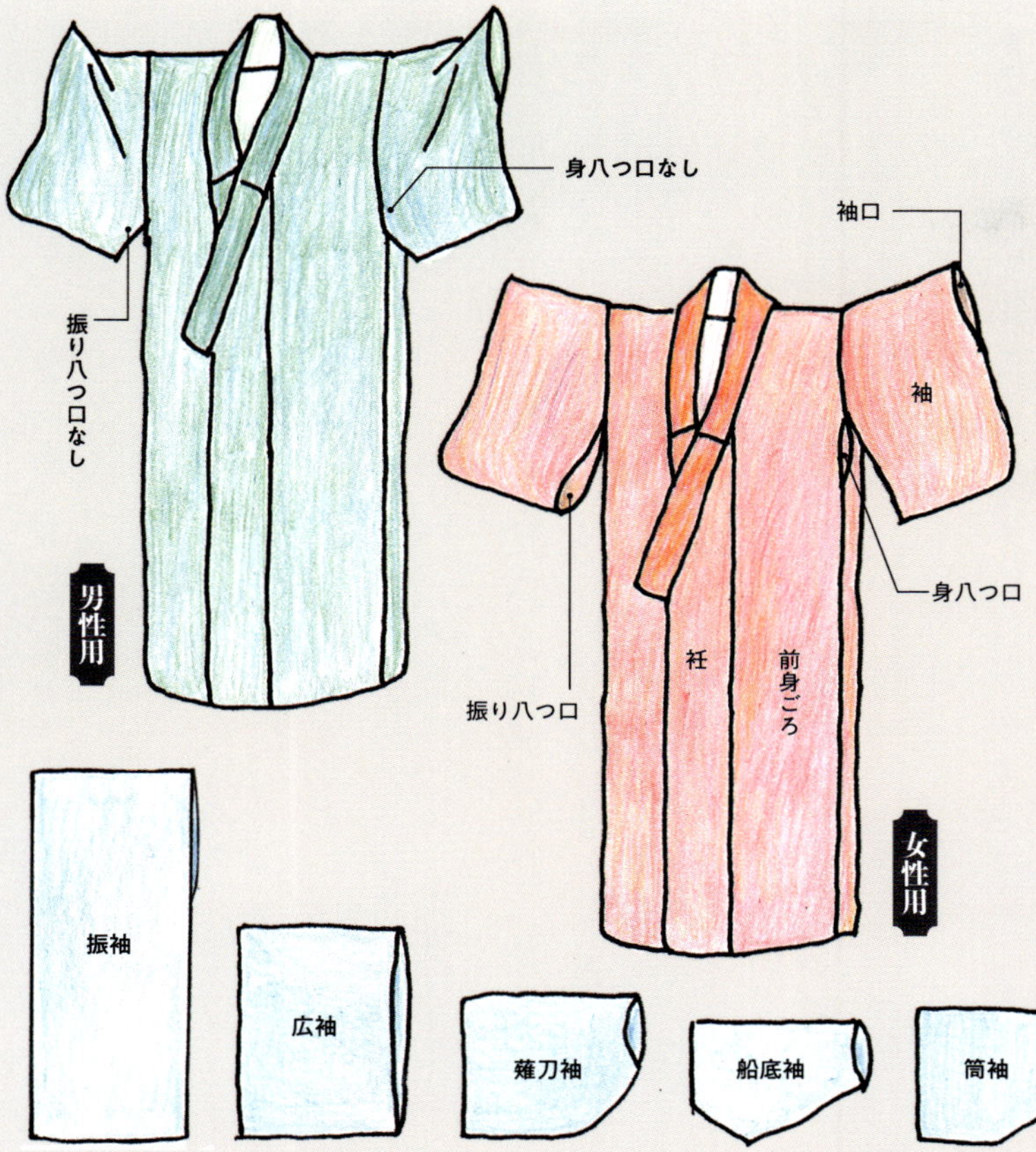


上右の図は女性用、上左の図は男性用です。着物は、衿・袖・前身ごろ・後身ごろ・衽《おくみ》などから構成されています。

長着の帯を締めて着た状態で、首の部分・足の部分・右の袖口・左の袖口・右の振り八つ口・左の振り八つ口・右の身八つ口・左の身八つ口の八箇所の口ができることから八つ口といわれています。身八つ口と振り八つ口は、女性用の着物と子ども用の着物にのみあり、主におはしょりを整えたり帯を通すために利用されますが、男性用の着物では閉じられています。

袖の形は、左から振袖・広袖・薙刀《なぎなた》袖・船底袖・筒袖です。古くは筒袖型でやがて船底型、薙刀型になり、下部に丸みを持たせた丸袖系統が定着しました。広袖は、子どもの着物や丹前《たんぜん》に用います。また振袖は、大振袖（袖丈一一四cm前後）・中振袖（袖丈一〇〇cm前後）・小振袖（袖丈八五cm前後）に分類されます。未婚女性の祭礼や儀礼的な場面で着用する正装の晴着です。

# 虫干し

衣服を仕舞うためには虫干《むしぼ》しをしなければなりません。とくに絹物などは、洗濯が容易にできないので、洗濯せずにほこりや汚れを落としてカビの原因になるものを乾燥によって除かなければなりません。食べ物などがついていると虫の餌《えさ》になって着物に穴をあけられますので、これらをよく落として仕舞います。

虫干しのポイントは、二日続きの晴天の日を選んで、午前一〇時頃から午後三時頃まで、直射日光の当たらない風通しのいい部屋で、着物を一枚ずつ吊るして乾燥させます。

虫干しに適した時期は、年三回あります。梅雨明けの七月下旬から八月上旬の土用干《どようぼ》し、次に晴れた日が続く九月下旬から一〇月上旬の秋干し、そして一年中で一番空気が乾燥する一月下旬から二月下旬の寒干《かんぼ》しです。

# たたみ方

衣服を仕舞うためには、たたまなければなりません。衣服の種類によってそれぞれ形が違いますのでたたみ方も違います。

ここでは、羽織・着物・帯・袴・長襦袢《ながじゅばん》のたたみ方を紹介します。

和服は、直線で構成されていますからたたみ方もこの構成をいかしています。

そうしてたためばシワにもならず、取り出してすぐ着ることもできて合理的です。

## 羽織

**羽織《はおり》を仕舞うときには紐をはずしてたたみ、紐《ひも》は別の場所で保管します。**

❶衿を左にして着物を広げます。衿を左右に平らに広げ、衽《おくみ》を縫い目から折り返し、衿を内側に折ります。

❷上前衿と下前衿を重ね、続けて衿と衽もきっちり重ねます。

❸上前線と下前線を重ね、背縫いから後身ごろにたたんで裾をそろえます。

❹袖を身ごろに重ね、衿先のかからない位置から、丈を二つに折り上げます。

❺❹の上下をひっくり返し、残りの袖も同様に折り上げます。

＊丈が長く、収納できないときは、真綿や和紙の棒をはさんで折り重ねます。

❶

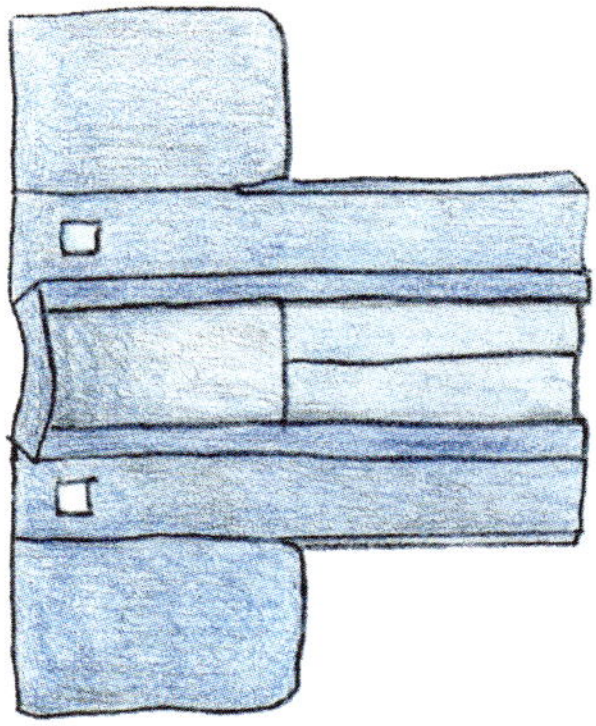

❷

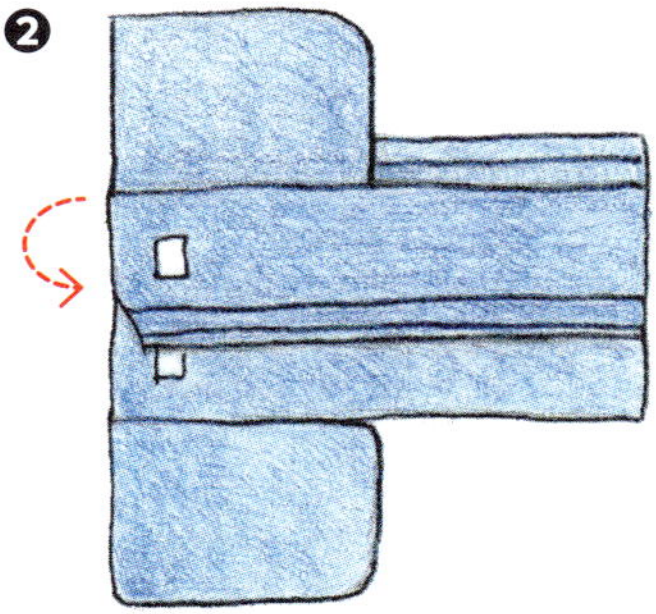

❸

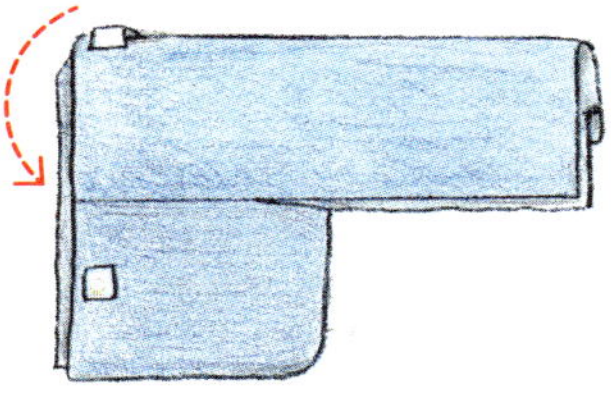

❹

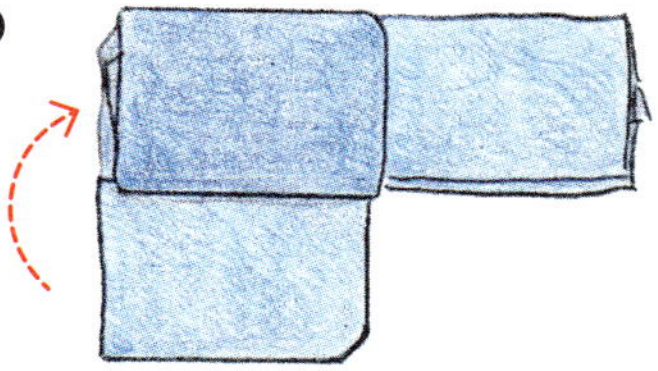

❺

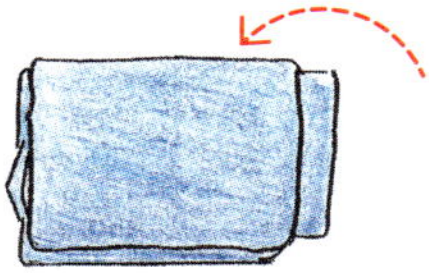

## 長着

長着《ながぎ》のたたみ方には本だたみと夜着《よぎ》だたみがあります。
本だたみは一般的なたたみ方で、
夜着だたみは、振袖《ふりそで》・留袖《とめそで》など高価な着物のたたみ方です。

### 本だたみ

❶衿《えり》を左にして着物を広げます。
衿を左右に平らに広げ、衽《おくみ》を縫い目から折り返し、衿を内側に折ります。

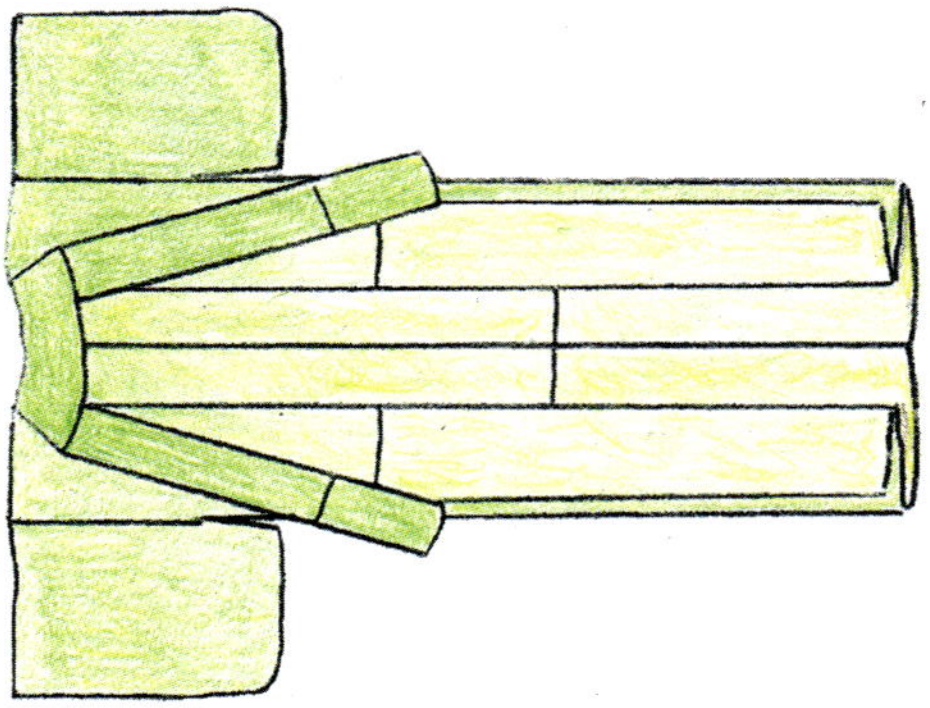

❷上前衿と下前衿を重ね、続けて衿と衽もきっちり重ねます。

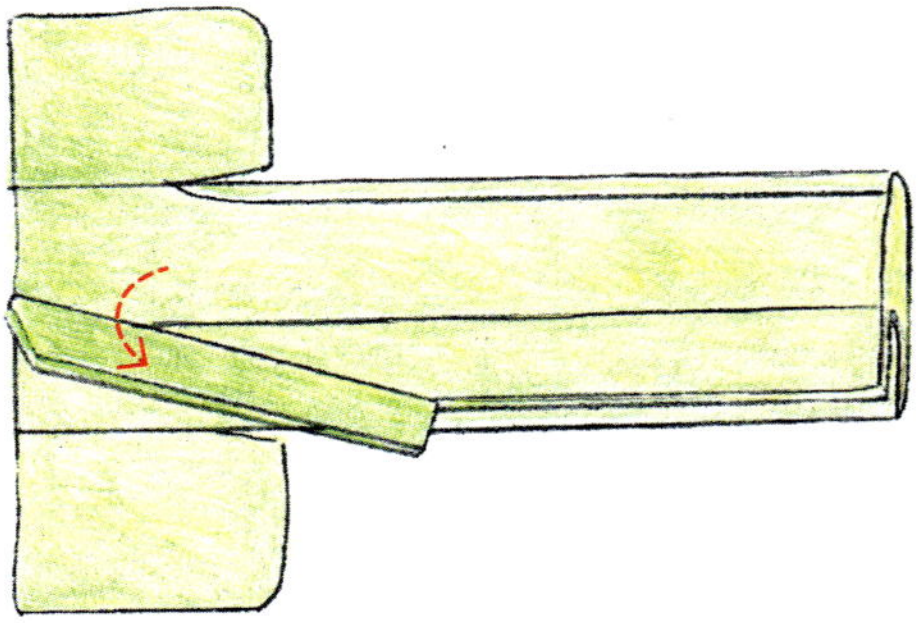

❸上前線と下前線を重ね、背縫いから後身ごろをたたんで裾をそろえます。

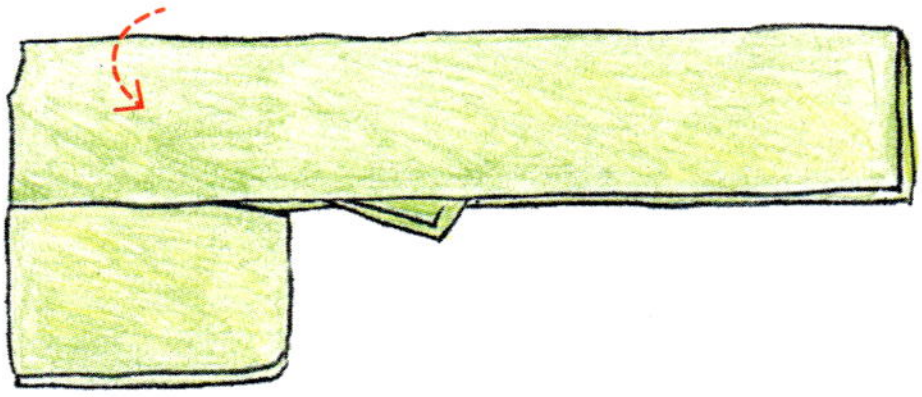

❹袖を身ごろに重ね、衿先のかからない位置から、丈を二つに折り上げます。

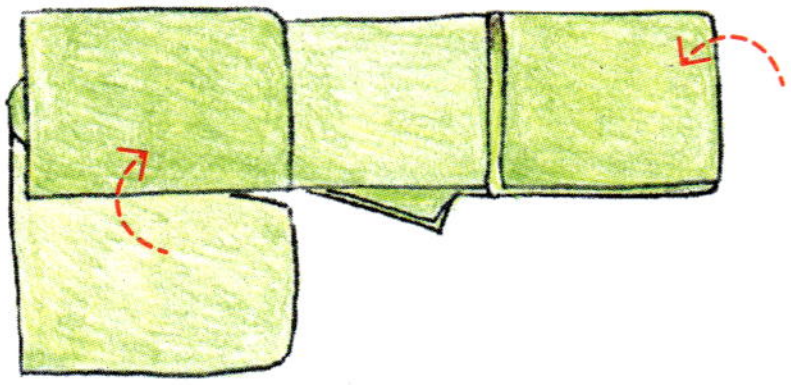

❺❹の上下をひっくり返し、残りの袖も同様に折り上げます。

## 夜着だたみ

❶衿肩あきを左にして着物を広げます。
下前の脇を内側に折って整え、上前も内側に折り、整えます。
衿肩あきの縫目を内側に折り両胸の紋の部分に和紙をあてます。

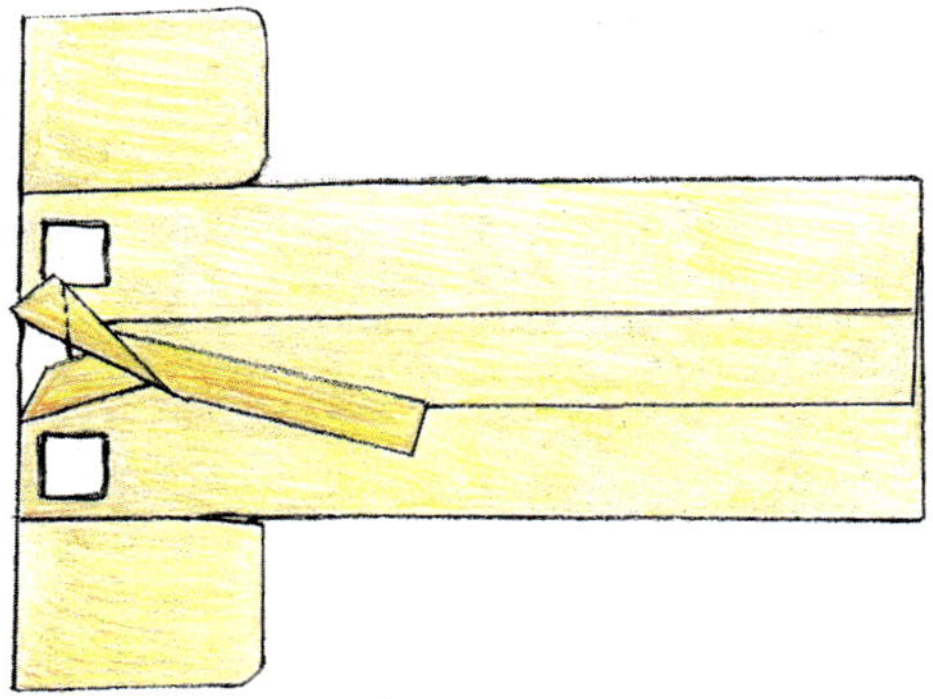

❷両袖を身ごろの上にたたみ合わせ、両袖と裾の模様部分に和紙をあてます。身丈の半分くらいのところに真綿の棒をはさみます。

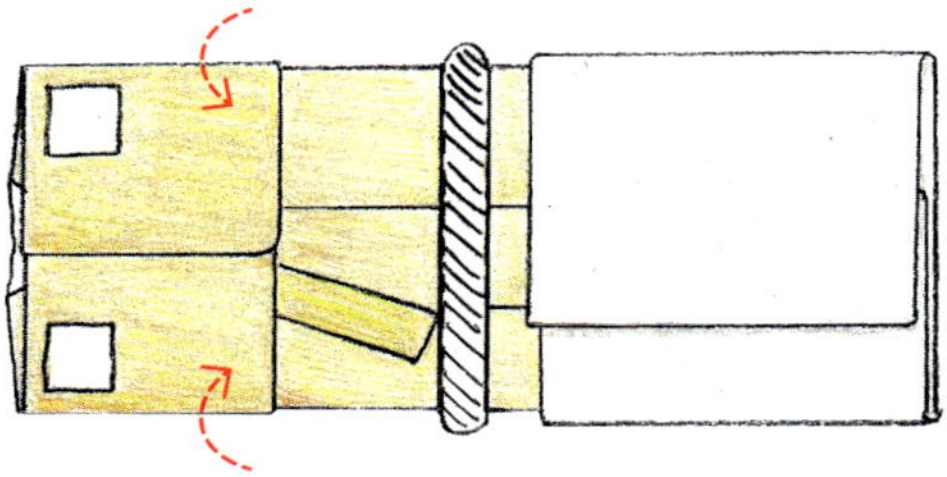

❸できるだけシワがつかないように注意しながら、内側に二つ折りにします。その際、ものさしをあてて、布目を正しながら折ります。シワも伸びてきれいに仕上がります。
さらに半分のところに真綿の棒をはさみます。

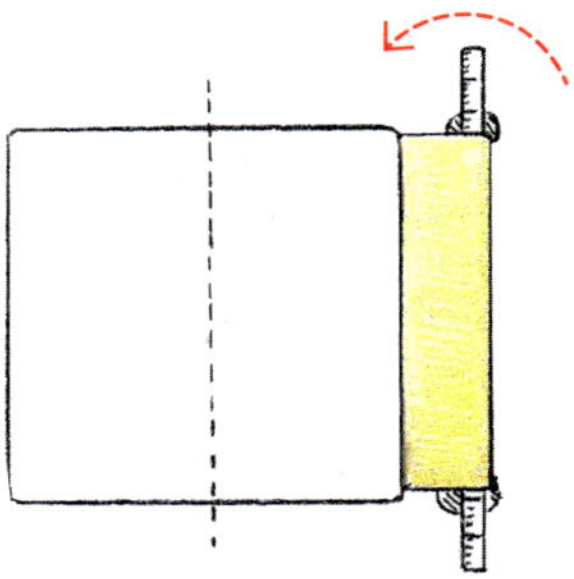

❹ものさしをあてて、布目を正しながら二つ折りにします。

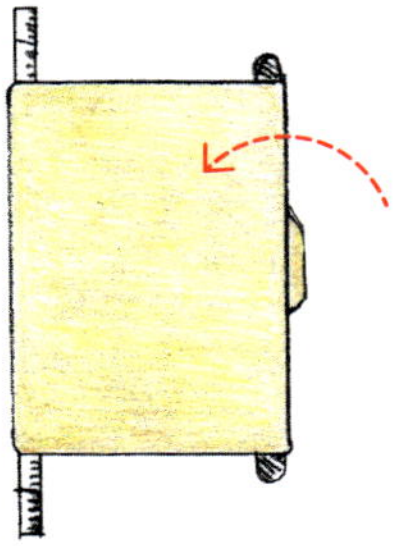

❺背中の紋に和紙をあてます。

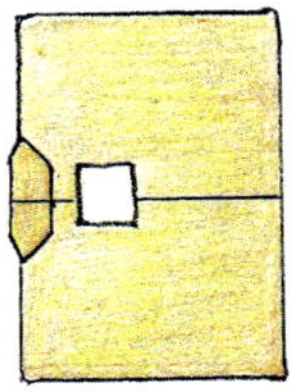

## 帯

帯全体に柄がある総柄《そうがら》ものと、胸の前側とお太鼓《たいこ》に柄があるとび柄のものがあります。

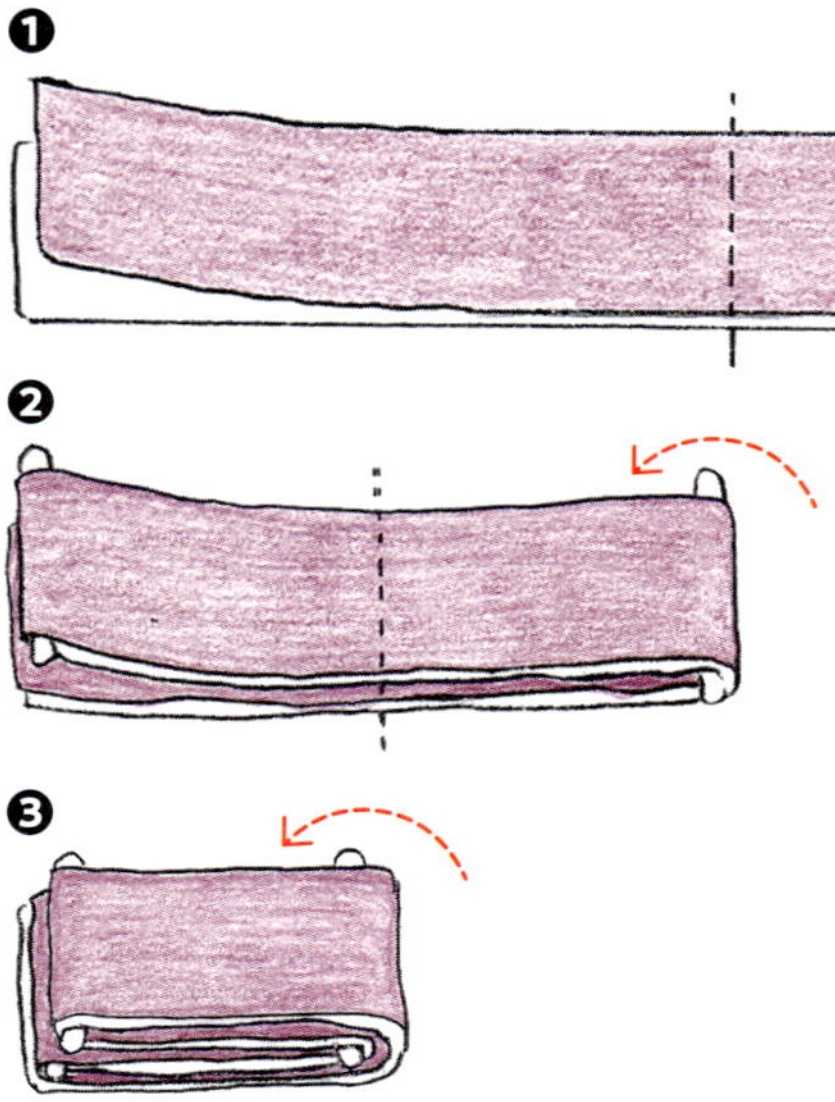


### 総柄

❶帯の裏側を出して広げ、柄を表に出して二つ折りにします。折山に真綿の棒を挟みます。

❷さらに丈を二つ折りにします。

❸もう一度、二つ折りにします。

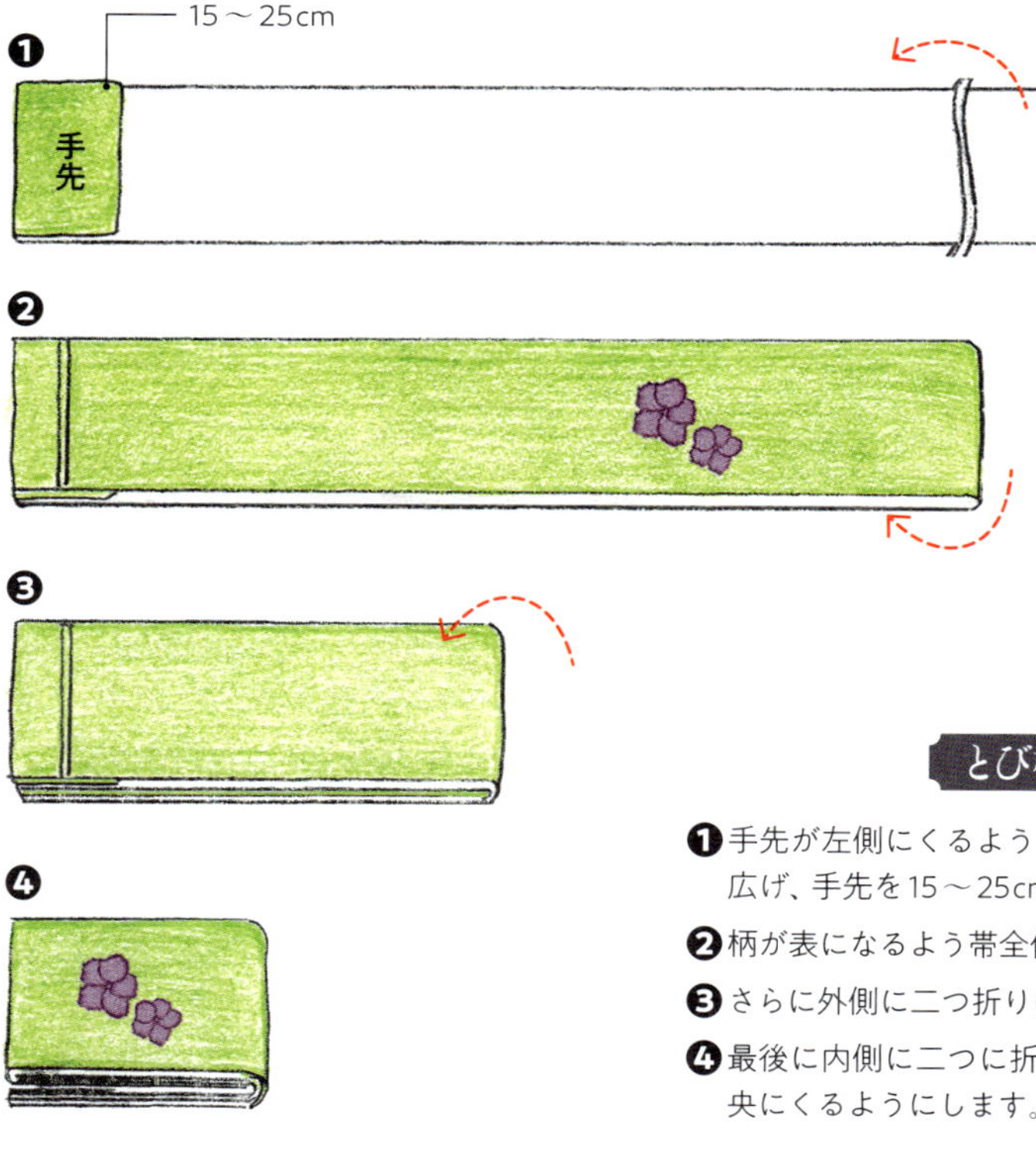


### とび柄

❶手先が左側にくるように帯の裏側を上にして広げ、手先を15～25cmほど内側に折ります。

❷柄が表になるよう帯全体を二つ折りにします。

❸さらに外側に二つ折りにします。

❹最後に内側に二つに折り、お太鼓の部分が中央にくるようにします。

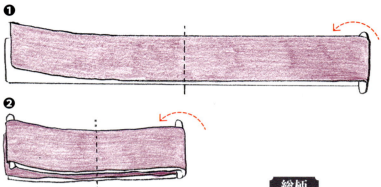

## 袴

**袴《はかま》は男性用の着物の一つです。特殊な形で紐が作り付けになっています。**

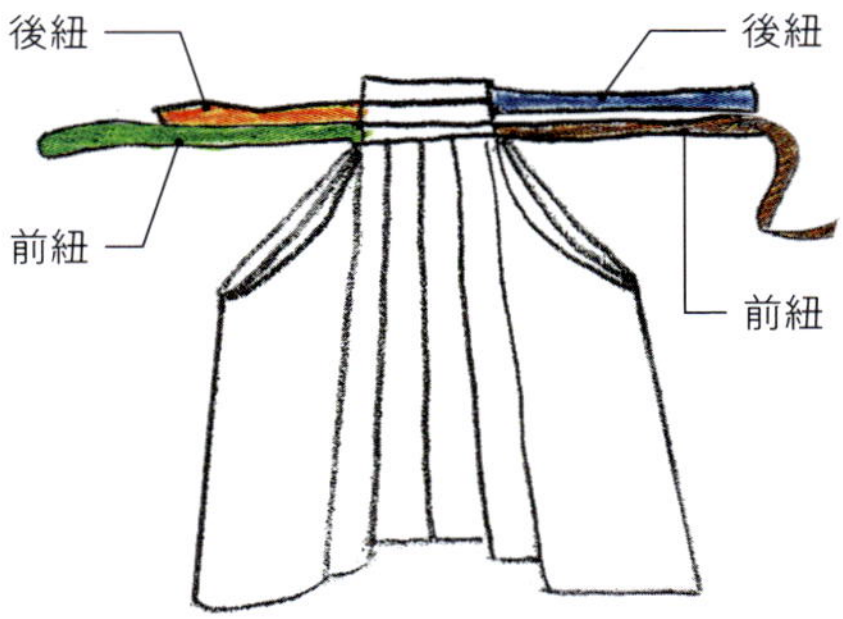


❶前と後ろの紐つけ位置をしっかり持ってひだを整えて平らにおきます。

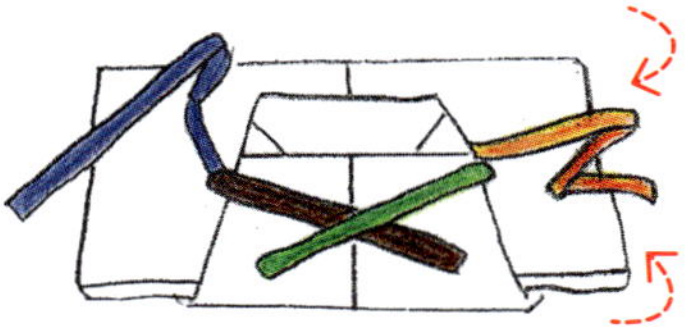

❷裾から三分の一のところを折り、上部をその上に折り重ねます。
腰板が上になるようにし、紐をたたみます。
前紐を左右それぞれ四つ折りにして交差させます。

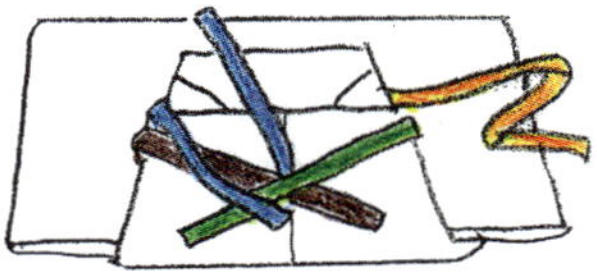

❸左の後紐を交差位置で上から下に通します。

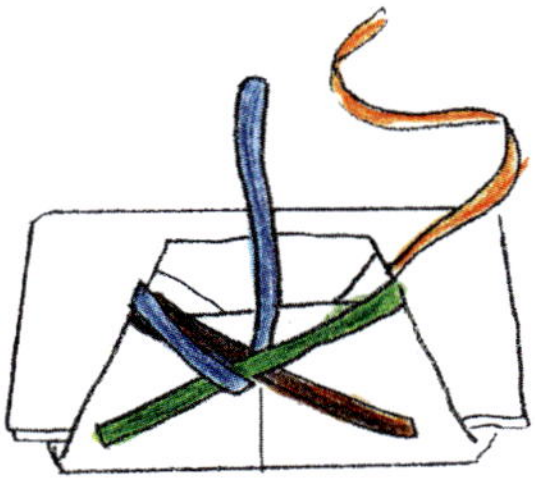

❹右の後紐も上からすべて紐の交差位置を通して右に抜きます。

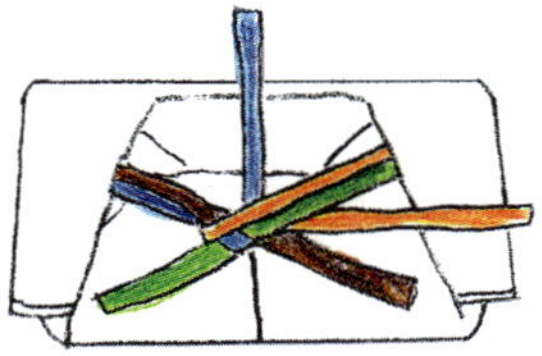

❺上に引き抜いた左の紐を右手前に折ります。

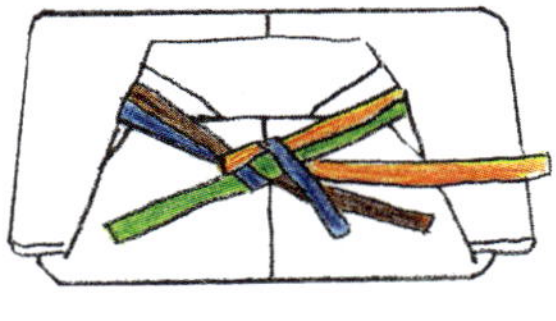

❻右の後紐を❺の左の紐の下を通して左下に引き抜きます。

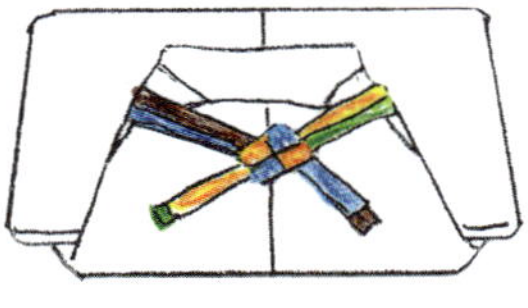

❼交差している前紐と右下、左下に引き抜かれた後紐をそろえて、結び目を整えます。

## 長襦袢

**長襦袢《ながじゅばん》は下着ですが、下着にもちゃんと決まったたたみ方があります。**

❶衿肩あきを左にして、上前が上になるように重ねます。

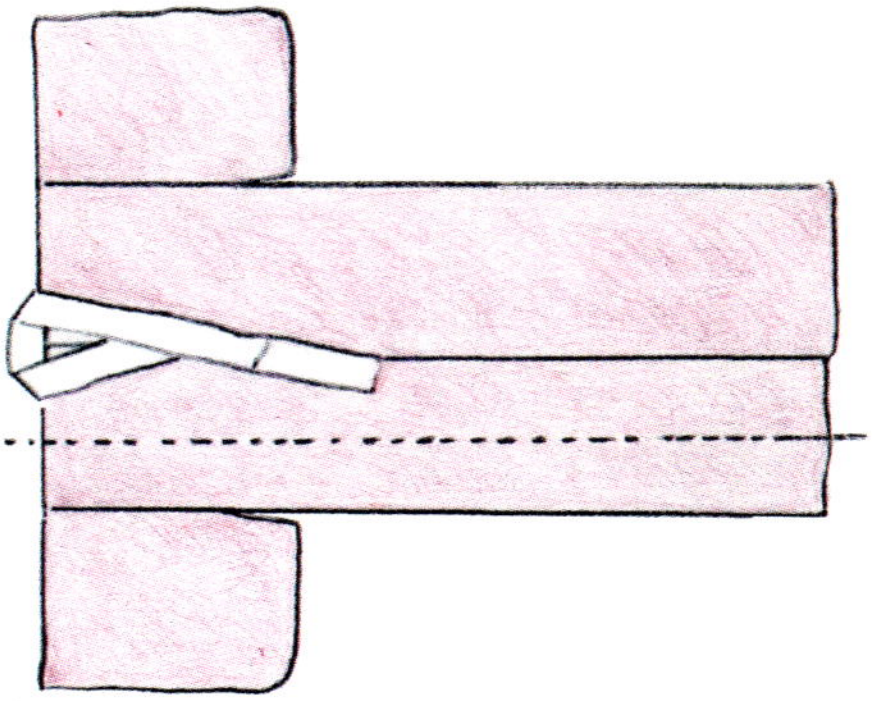

❷両手で手前の脇縫いを持って脇縫いが身ごろ中央にくるように❶の点線の位置で内側に折ります。

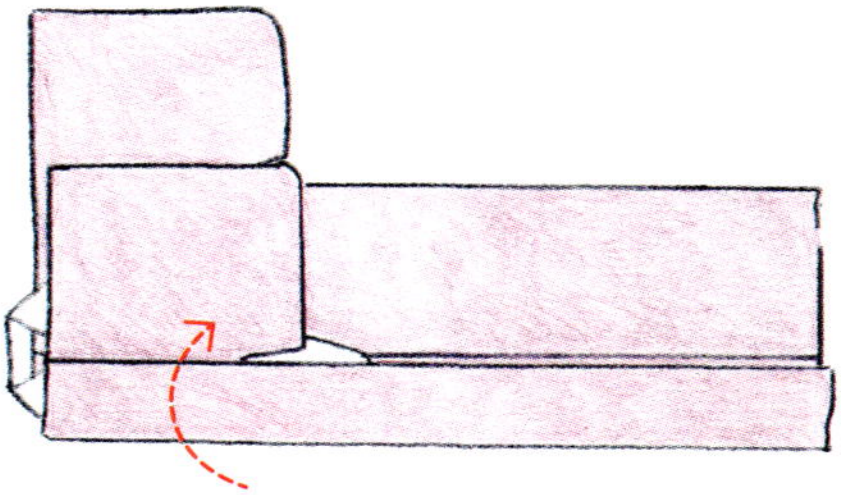

❸下前の袖を外側に半分折りにします。このとき、袖口は手前側の身ごろの折り目より2cmほど内側にします。

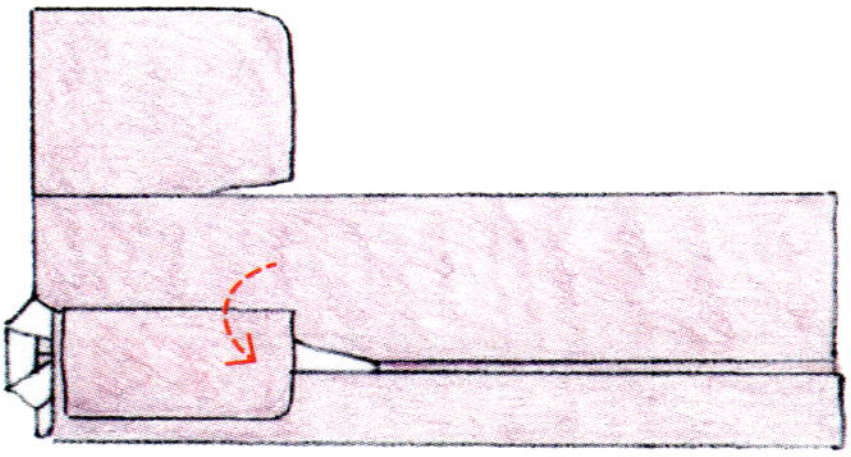

❹上前も同様に脇縫いが身ごろ中央にくるように折り、袖を半分に折って重ねます。このときも袖口は、身ごろの折り目より2cmほど内側にします。

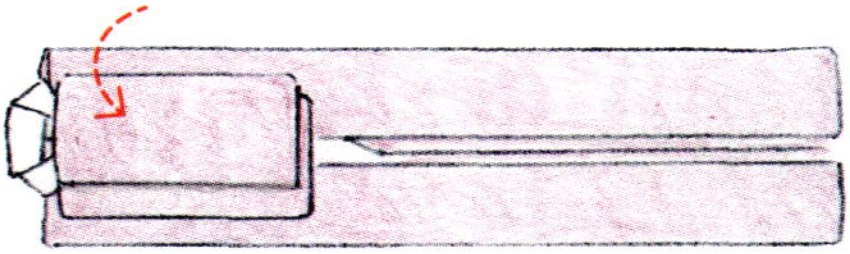

❺丈を二つ折りにし、衿は折らずにそのままの位置で形を整えます。

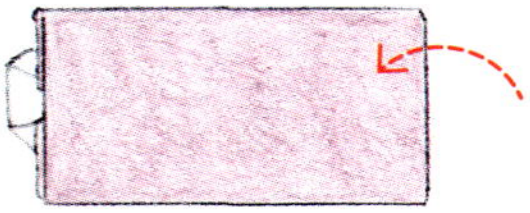

# 包み方

たたんだ衣服を仕舞うときは、直接箪笥などに入れずに、上等なものは、たとうで包んでから仕舞います。

「たとう」という言葉は、畳紙《たとうし》の略語です。古くは歌や文章を書くための紙のことでしたが、一九世紀中頃から呉服屋が反物《たんもの》の包装紙として使った厚紙や和紙を「たとう紙」とよびました。その後、仕立てた着物を包むためのたとうが生まれ、現在の形になったのは、呉服屋が仕立てた着物を売ることが多くなる明治後半から大正前半のことだといわれます。

## たとう

ほこりや日よけ、型崩れを防ぐ保存用の包装紙です。

古文書などの丈夫な和紙をつないで作った紙製のたとうと、ウコン染めの木綿布など余った布をつなげて作った布製のたとうがあります。ウコン染めの木綿布で着物全体を包むものもあります。いずれも手作りです。ものを大事にした時代には、身近にある使用済みの和紙や余り布を使って、たとうの形を作り利用していました。

正式のたとうは、和紙を縦横に十文字の形に貼り重ねたもので、十文字の四隅には、ほこりよけの三角紙がついています。着物の上前と下前を重ね、袖を重ねたたんだものを縦半分にたたんだ寸法になっていて、結ぶための紐がついています（左図）。

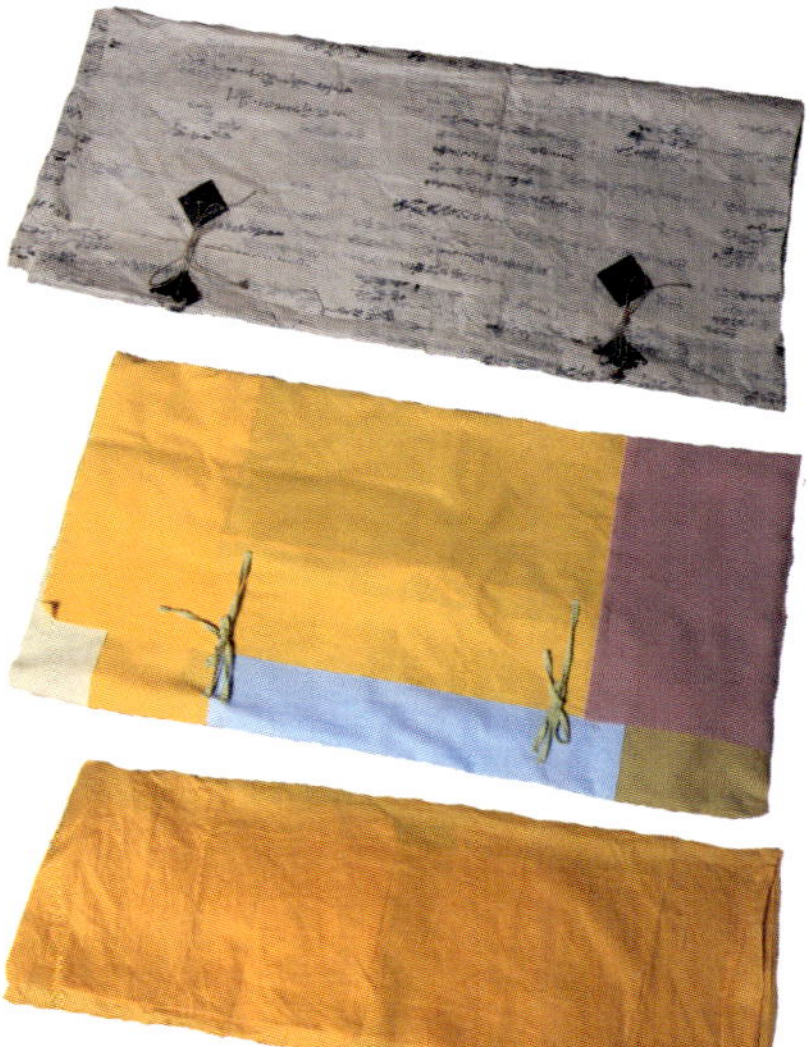

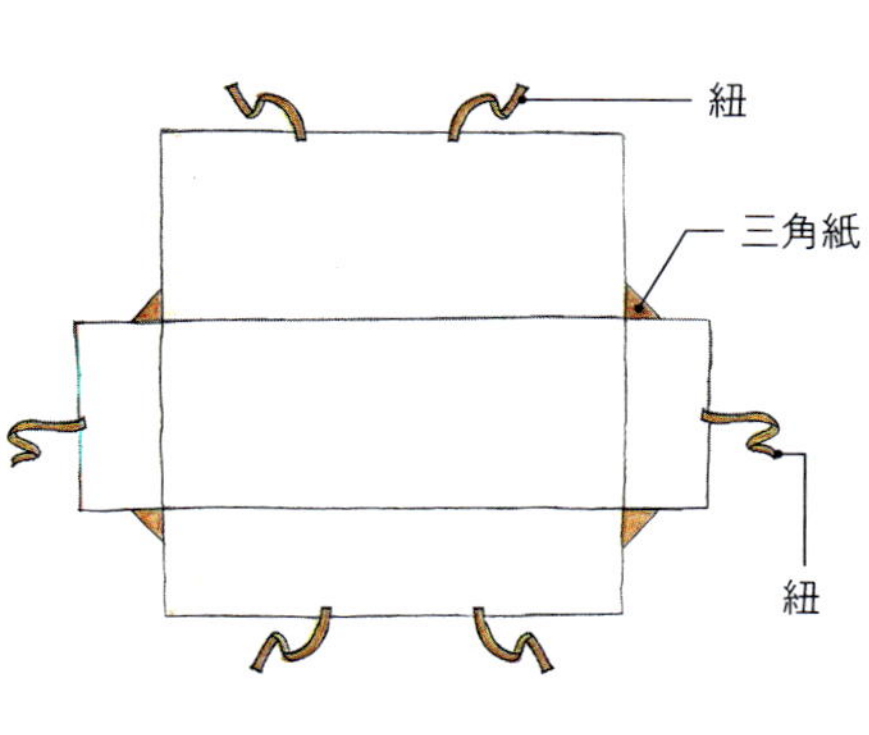

# 収納具

収納具には、箪笥《たんす》・葛籠《つづら》・行李《こうり》・薄行李などがあります。衣服には、長着・羽織・帯・袴・長襦袢などがあります。中でも着物は、晴着・外出着・普段着などのランクによって分けられます。種類に応じて収納具を使い分けます。

| 衣服 | 収納具 |
| --- | --- |
| 長着・羽織・帯・袴・長襦袢（晴着・外出着・普段着） | 箪笥 |
| 普段着・下着・季節はずれの衣類・雇人や学生などの衣類 | 行李・葛籠 |
| 式服・裃と袴（そろいもの） | 薄行李 |

## 銀杏の防虫袋

コラム

現在では、衣類を仕舞うときに樟脳《しょうのう》やナフタリンなどの防虫剤を入れますが、昔は銀杏《いちょう》の葉が使われていました。着物につく虫は、銀杏に含まれるシキミ酸を最も嫌うそうです。

銀杏の防虫袋の作り方はつぎのとおりです。まず、銀杏が黄色く色づいたら、落ち葉を集めます。葉を洗い、三〜四日天日干しにします。それを糊分や汚れを含んでいない絹か綿で袋を作り、こぶし大を目安に詰めます。これを箪笥の引き出しに一つずつ入れます。二年は効果があるそうです。

## 箪笥

衣服の収納具でいちばんよく使われます。箪笥は引き出しになっているので分類整理でき、出し入れも便利です。普段着からよそゆきまで、長着・羽織・帯・袴・長襦袢など和装の衣服一切を仕舞います。この場合、重ねて仕舞いますのでシワがついたり山折れしないように、上等なものはたとう紙に包んだり布に包んだりして仕舞います。

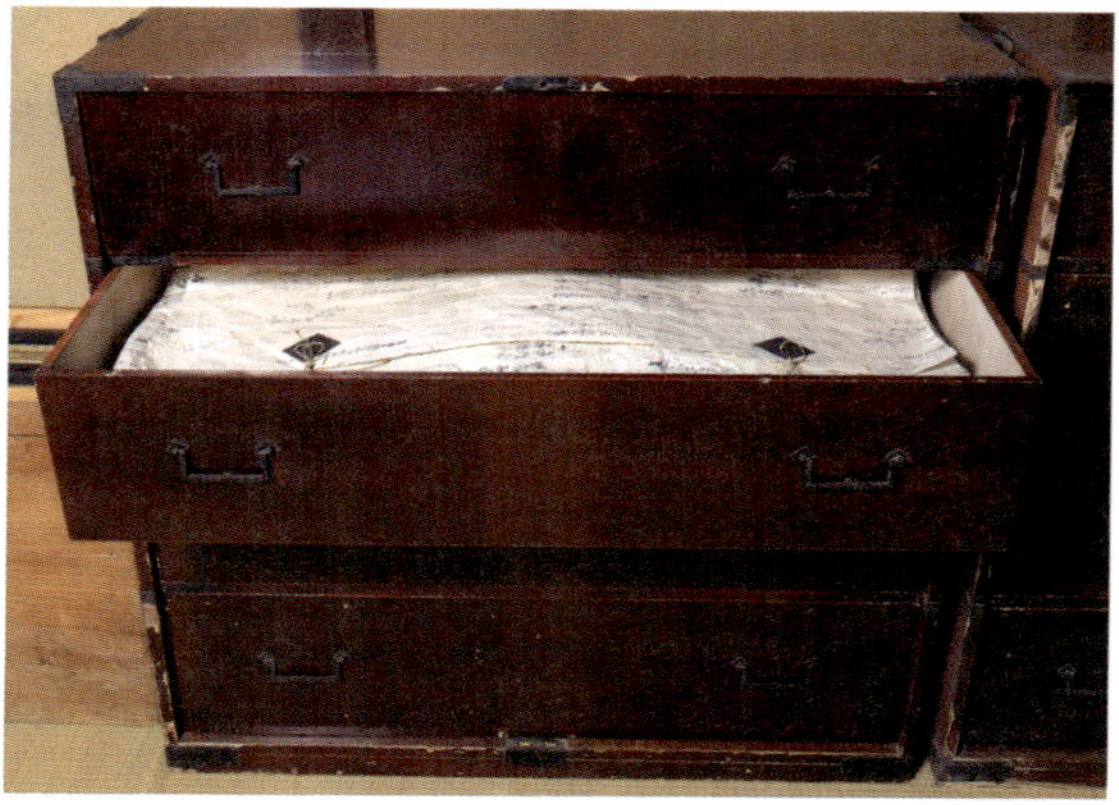

## 行李・葛籠

行李・葛籠《つづら》は、出し入れは面倒ですが保管には適しているのと持ち運びに便利なので、普段着や下着、季節はずれの衣類を仕舞います。また昔は、雇人《やといにん》や学生などが一人用の衣類一切を入れて持ち運びました。

## 薄行李

薄行李は、厚みの薄い行李です。一つの行李に一枚か一組を入れるためのものですから、式服や裃《かみしも》と袴などのそろいものを仕舞います。

# 防虫図鑑

ものを仕舞う場合、大きな問題となるのが防虫《ぼうちゅう》です。

夏に、米びつに入っている米がつながっていることがあります。これは虫が米をエサとしながら糸を吐いているのです。

客を招く準備のために、床《とこ》の掛軸《かけじく》を替えていると、表装面に何かが這ったような跡を見つけることもあります。

また、夏から秋に向けての衣替えのとき、衣装ケースに納めていたウールのセーターに小さな穴が空いているのを見つけることがあります。これらは虫に食われた跡です。

このように私たちの日常生活の中には、食品、紙類、布類にさまざまな害虫がいます。

現代では化学薬品を用いた効き目の高い防虫剤があり、小さな虫に生活を脅かされることも少なくなりましたが、化学薬品のない少し前の時代は、身近にある自然の材料を用いて虫害を防いでいました。

## 害虫

食品の害虫には、メイガ類のスジマダラメイガ、シバンムシ類のタバコシバンムシ、カツオブシムシ類のハラジロカツオブシムシ、コクゾウ類のコクゾウムシなどがいます

紙類の害虫には、チャタテムシ類のカツブシチャタテ、シバンムシ類のフルホンシバンムシなどがいます。

布類の害虫には、イガ類のコイガ、カツオブシムシ類のヒメマルカツオブシムシなどがいます。

日常生活の中でよく見かけるシミ類のヤマトシミは食品、紙類、布類をすべて害する虫です。

## 食品の害虫と防虫方法

### タバコシバンムシ

タバコシバンムシの幼虫の大きさは3～4mm、成虫の大きさは2～3mmです。害の対象とされるものは、煙草、穀類《こくるい》の粉、菓子類、香辛料、鰹節《かつおぶし》などです。粒状のものより、粉状のものを好みます。幼虫は、排泄物や穀類の粉で蛹室《ようしつ》を作り、その中で羽化《うか》します。

防除方法は台所の乾物などから発生した場合には速やかに発生源となっているものを捨てる、また、食べられないように乾物をガラス瓶など密閉できる食品保存容器に保存することです。

### ハラジロカツオブシムシ

ハラジロカツオブシムシの幼虫の大きさは10mm前後で、成虫の大きさは7～10mmです。害の対象とされるものは鰹節、干し魚、ふかひれ、干し肉などの動物性のものばかりで、ごちそうが好みです。幼虫、成虫ともに食べます。

防除方法は、燻蒸《くんじょう》による防除が一般的ですが、建物内で発生した場合は、ねずみの死骸《しがい》などがないか調べ、あれば処分することが大切です。

### コクゾウムシ

コクゾウムシの成虫の大きさは2・3mm～3・5mmです。この頃は見かけなくなりましたが、昔はよく米びつの中にいました。害の対象とされるものは、小麦、大麦、とうも

ろこし、米などの穀物の健全粒です。幼虫は穀類の内部を食べ、穀類内で蛹《さなぎ》になり、羽化《うか》します。羽化した成虫は体が硬くなるまで中にとどまって、その後穀類を食い破って出てきます。害としては穀物に穴をあけて一個ずつ産卵することと、食べられる害です。

防除方法は、高温多湿を避けることと、虫干しです。梅雨の明けた晴れた日に陽の当たる場所に敷物を敷き、そこに米を広げるとコクゾウムシは逃げていきます。

### スジマダラメイガ

スジマダラメイガの幼虫の大きさは12mm、成虫の大きさは8〜12mmです。害の対象とされるものは、穀類、豆類、ナッツ類、乾燥果実などで砕けて不完全なものに発生します。成

タバコシバンムシ（幼虫）

タバコシバンムシ（成虫）

ハラジロカツオブシムシ（幼虫）

食品の害虫

コクゾウムシ

スジマダラメイガ（幼虫）

スジマダラメイガ（成虫）

ハラジロカツオブシムシ（成虫）

虫は卵を穀類などの上に産みつけます。幼虫は産卵された植物をエサとして成長し、糸を吐いて食物をつなぎます。

防除方法としては、米びつなどをこまめに洗浄したり、食品を密閉容器や冷蔵庫に入れて保管します。

# 紙類の害虫と防虫方法

## カツブシチャタテ

カツブシチャタテの成虫の大きさは雄が0・9mm前後、雌が1・5mm前後です。害の対象とされるものは書籍、そうめん、鰹節などで主にこれらについたカビを食べます。異性を呼ぶための音を出すことが古くから知られていて、日本では江戸時代から抹茶《まっちゃ》を点てるときの茶筅《ちゃせん》の音に似ているので「茶柱虫《ちゃたてむし》」と称されています。「有明や虫も寝あきて茶を点てる」という小林一茶《こばやしいっさ》の俳句はこのチャタテムシを詠んだものといわれています。

防除方法は、主にカビを食べるため、風通しをよくして、カビが生えないようにすることが大切です。

## フルホンシバンムシ

フルホンシバンムシの幼虫の大きさは5mm、成虫の大きさは2〜3mmです。害の対象とされるものは書籍、古文書《こもんじょ》、巻物、掛軸、和紙、西洋紙など紙類全体に甚大《じんだい》な被害を及ぼします。幼虫、成虫ともに加害物から

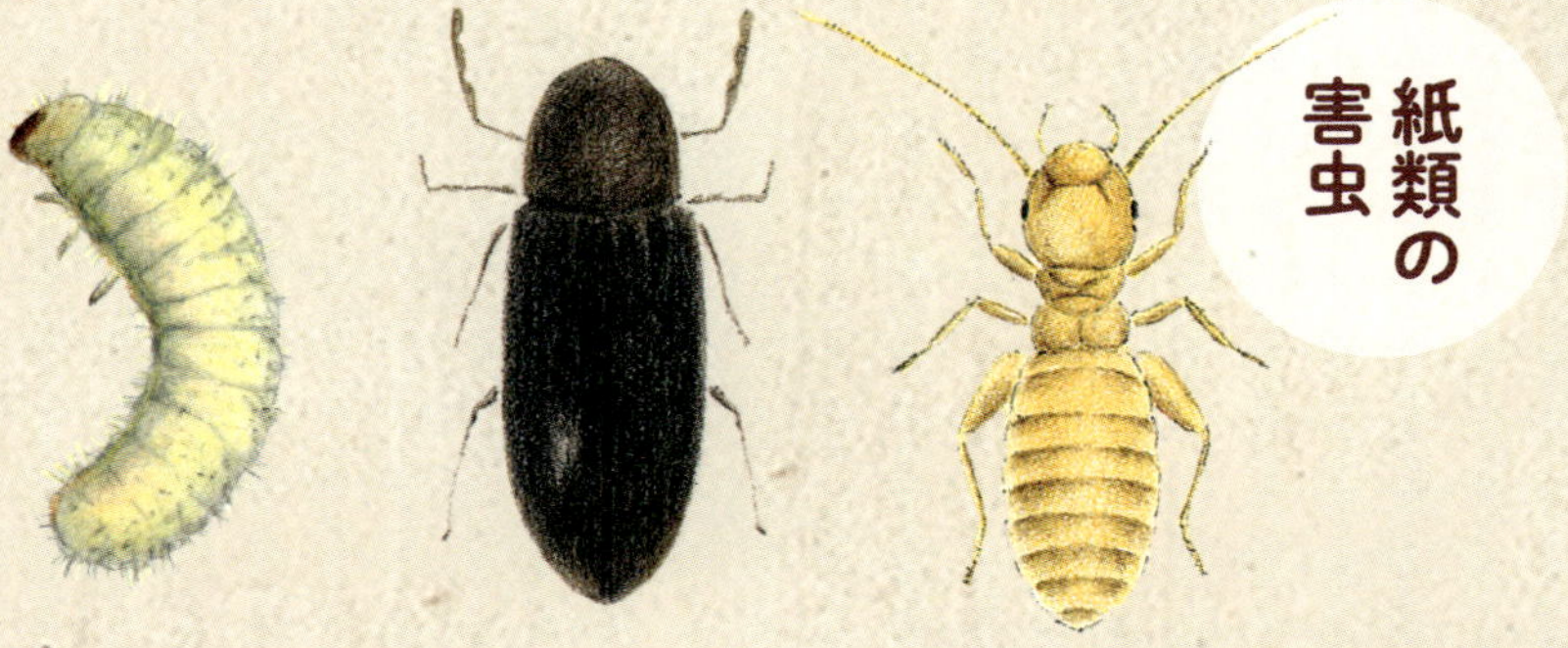


フルホンシバンムシ（幼虫）　フルホンシバンムシ（成虫）　カツブシチャタテ

脱出するときに穴をあけます。幼虫期が食欲旺盛で、紙に1㎜ほどの穴をあけて食べ続け、トンネル状に貫通していきます。

防除方法は、高温多湿を避け、風通しの悪いところに保管しないようにします。

## 布類の害虫と防虫方法

**布類の害虫**

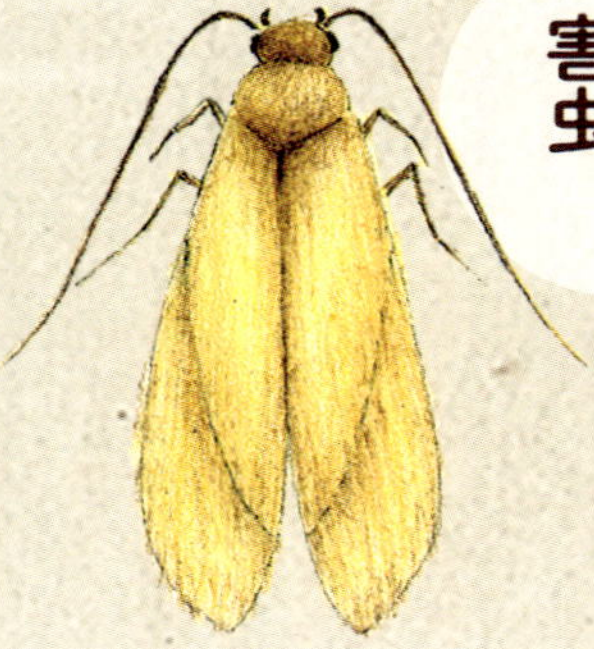
コイガ（成虫）

ヒメマルカツオブシムシ（成虫）

コイガ（幼虫）

ヒメマルカツオブシムシ（幼虫）

### ヒメマルカツオブシムシ

ヒメマルカツオブシムシの幼虫は4・5㎜、成虫は2・5㎜の小さな甲虫です。害の対象とされるものは、毛皮、羊毛、羽毛などの衣類と、絨《じゅう》毯《たん》類です。各種繊維類や絨毯類を食べるのは幼虫です。成虫は花粉や花の蜜を好みます。

防除方法は、屋外に干してある洗濯物や布団に成虫が飛来している場合があるので、取り入れるときはよく払って、虫がいないことを確認します。また、凹《くぼ》みなどを丁寧に掃除することが大切です。

### コイガ

コイガの幼虫の大きさは6～7mm、成虫の大きさは6～8mmです。

最も多く食べられる繊維は毛皮、羊毛、羽毛などの衣類です。化学繊維は食べられないと思いがちですが、半合成繊維のアセテートと再生繊維のレーヨンも少しは害されます。また、絨毯類も食べられます。各種繊維類やその製品を食べるのは幼虫です。被害は食べられる害（食害）と、巣の材料として繊維を切られる害があります。

防除方法は、汗、脂肪《しぼう》、食べ物、尿などで汚れている場合はさらに加害されるので、それらの汚れを取り除いて、乾燥させた状態で保存しておくことです。また、箪笥、戸棚、机、台などの下や隙間、凹みを好み潜んでいるので、丁寧に掃除をし、生息環境を与えないことが大切です。

## 食品・布類・紙類の害虫と防虫方法

### ヤマトシミ

ヤマトシミの体長は8～10mm前後、体はスリッパ状です。日常生活の中でよく見かける虫です。日本では「衣魚」「紙魚」という字をあててシミと読んでいました。また、銀箔色に輝くので「箔」という字を使って「箔虫—キラムシ」と呼ばれていました。害の対象となるのは繊維類、紙類、乾物などです。とくに和紙を好み、のりづけした本の表紙や、掛軸など浅くなめるように食べます。

防除するには、収納場所の高温多湿を避けることと、定期的な目視や環境管理を怠らず、きめ細かく掃除をすることが大切です。

食品・紙類・布類の害虫

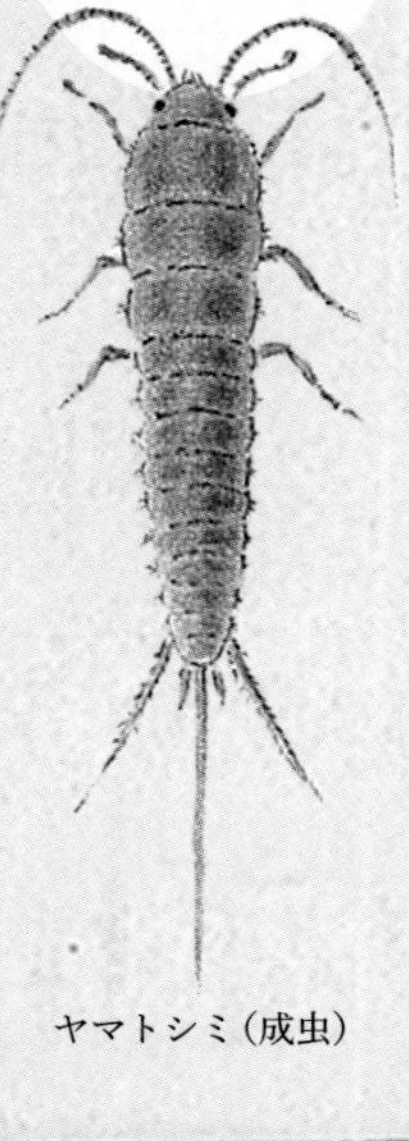

ヤマトシミ（成虫）

食品の防虫

# 防虫

虫を防ぐために、古くから身近にある香りのよいものや虫がつかない植物が使われてきました。

　木物では楠木《くすのき》、銀杏《いちょう》、南天《なんてん》、黄蘗《きはだ》、月桂樹《げっけいじゅ》、山椒《さんしょう》、桃などです。また草物では藍《あい》、河原人参、石菖《せきしょう》、彼岸花《ひがんばな》、鬱金《うこん》、唐辛子《とうがらし》などです。植物ではありませんが、新聞紙も簞笥の引き出しなどに敷き、虫を防ぎます。

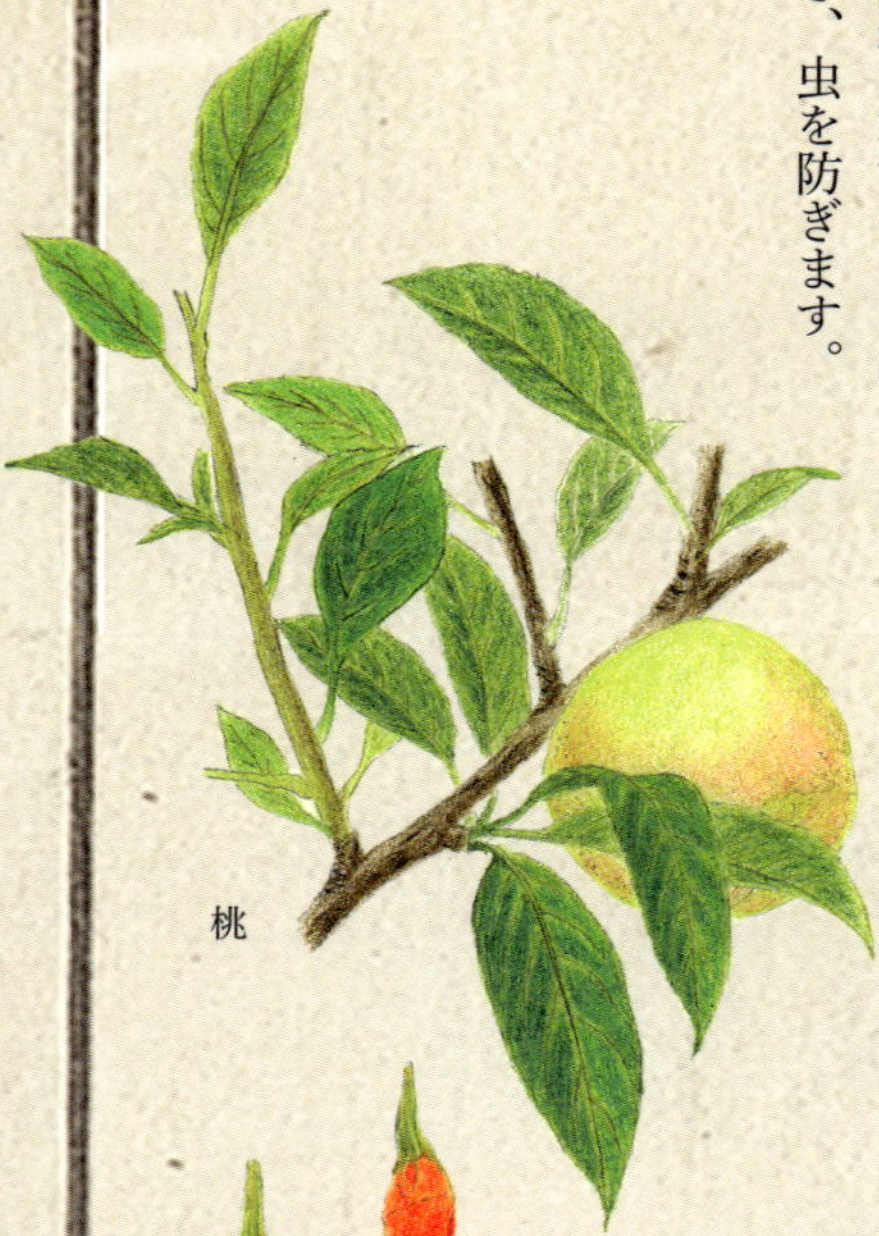
桃

山椒

唐辛子

月桂樹

南天

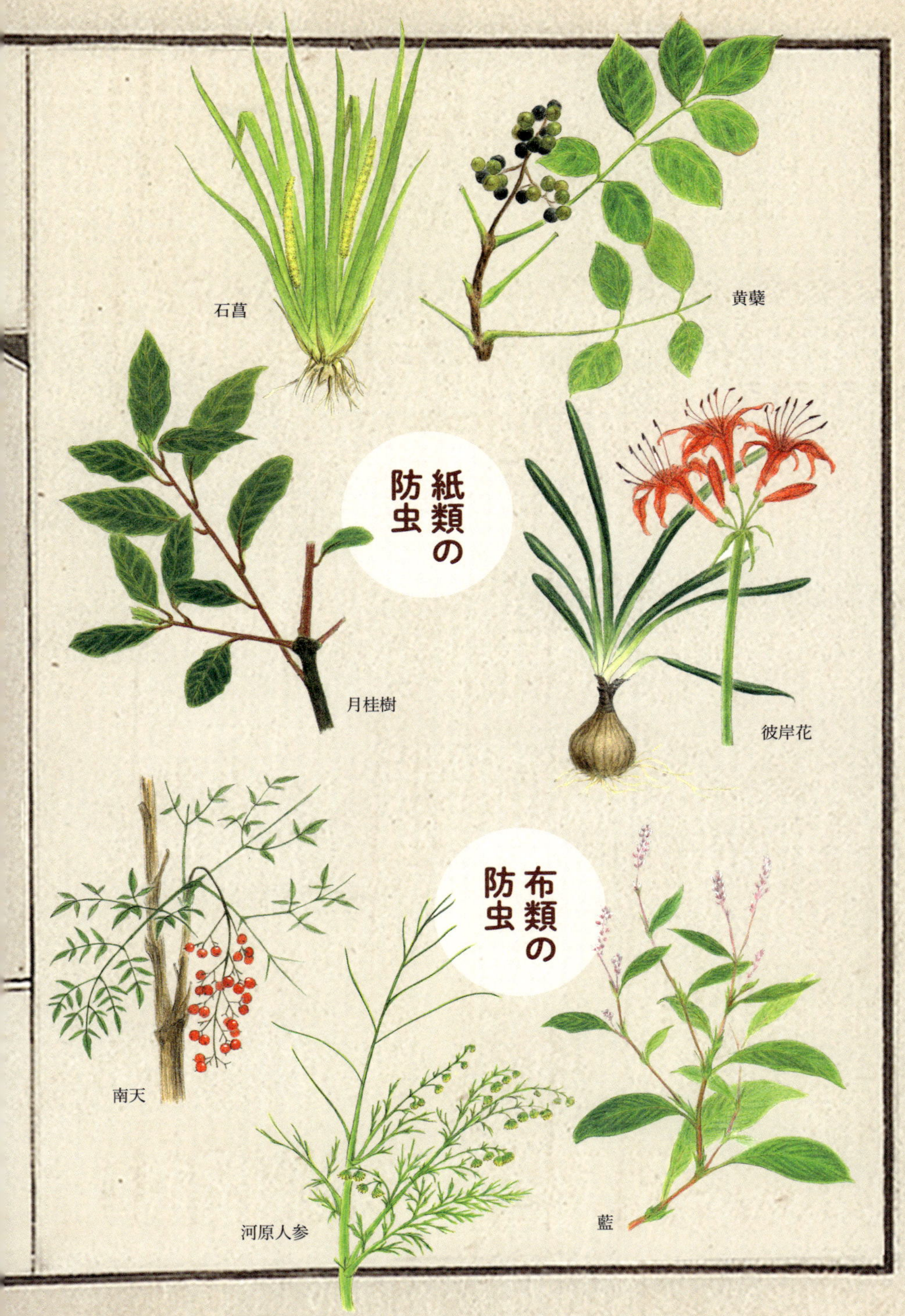
石菖
黄檗
紙類の防虫
月桂樹
彼岸花
南天
布類の防虫
河原人参
藍

鬱金

銀杏

# 食品・紙類・布類の防虫

楠木

新聞紙

# 木物

## 楠木（くすのき）

木、葉、根株などを水蒸気蒸留して作った樟脳《しょうのう》を防虫剤とします。江戸時代に中国から伝わった技術によって、日本で製造されるようになり、当時は薩摩《さつま》藩で多く製造しました。明治三〇年代の家庭実用書には「毛布類を収納するときは樟脳を紙に包んで入れておくように」と、記されているものがあります。

## 銀杏（いちょう）

乾燥させた葉を布や書籍の間にはさんで駆虫剤として使います。実の柔らかい部分（かぶれるところ）の汁液は柿渋の代用とされました。

## 南天（なんてん）

布の場合は生干しの葉を半紙に包んで防虫剤に、また、食品の場合はそのまま飾り、防腐剤にします。

## 黄蘗（きはだ）

粉にして、屏風の下張りなどに使うのりに加えて、防虫剤にします。染料としても有名です。ちなみに健胃整腸剤の「陀羅尼助《だらにすけ》」は、皮の成分の黄蘗が使われています。

## 月桂樹（げっけいじゅ）

乾燥葉は香りがいいので、料理に使われます。書籍にはさんだり、米びつや食料保存庫に入れて害虫を防ぎます。

## 山椒（さんしょう）

葉、実、花は食用です。乾燥させた葉や実を米びつに入れて虫を防ぎます。

## 桃（もも）

食用、薬用としてつかわれます。精白米に葉を少し混ぜておくと虫がきません。

# 草物

## 藍（あい）

飛鳥時代には渡来していました。タデ科の一年草です。花、茎は染料とされ、葉の汁液は虫さされに効きます。藍染めの布は昔から虫がつかないといわれています。唐本や和本を保存するため布貼りの厚紙で書籍を包む覆いの帙《ちつ》は、害虫が寄りつき

書籍の帙（ちつ）

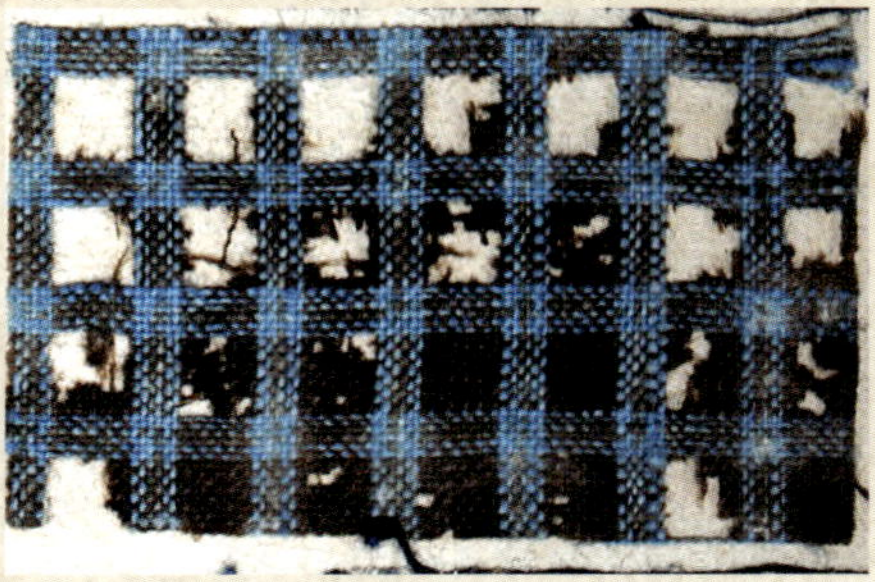

これは縞帳という縞織の見本帳に貼ってあった端布です。他は虫に喰われてしまったのに藍染めの部分だけはしっかり残っています。

にくいといわれる藍で染められたものがほとんどです。

### 河原人参（かわらにんじん）

キク科の多年草で中国から薬用植物として渡来したものが帰化しました。実を行李や箪笥の中に入れて、虫を防ぎます。

### 石菖（せきしょう）

菖蒲より小型の常緑の多年草で根は薬用に使われます。葉を本棚に入れて、書籍の虫を防ぎます。

### 彼岸花（ひがんばな）

根を取って、洗って砕き、汁を取り出し、それを紙に浸します。その紙を本棚の底に入れます。

### 鬱金（うこん）

根や茎は染料になります。「鬱金木綿」と呼ばれる染め物は「虫がつかない」「暖かい」と重宝されます。以前は赤ちゃんの肌着や女性の腰巻きにも使われていました。

### 唐辛子（とうがらし）

果実は刺激性の強い辛みがあり、香辛料や薬用として広く使われています。乾燥させた唐辛子は米びつに入れて虫除けに使います。

## その他

### 新聞紙

インクに含まれる亜麻仁油《あまにゆ》の成分に虫除けの効果があります。

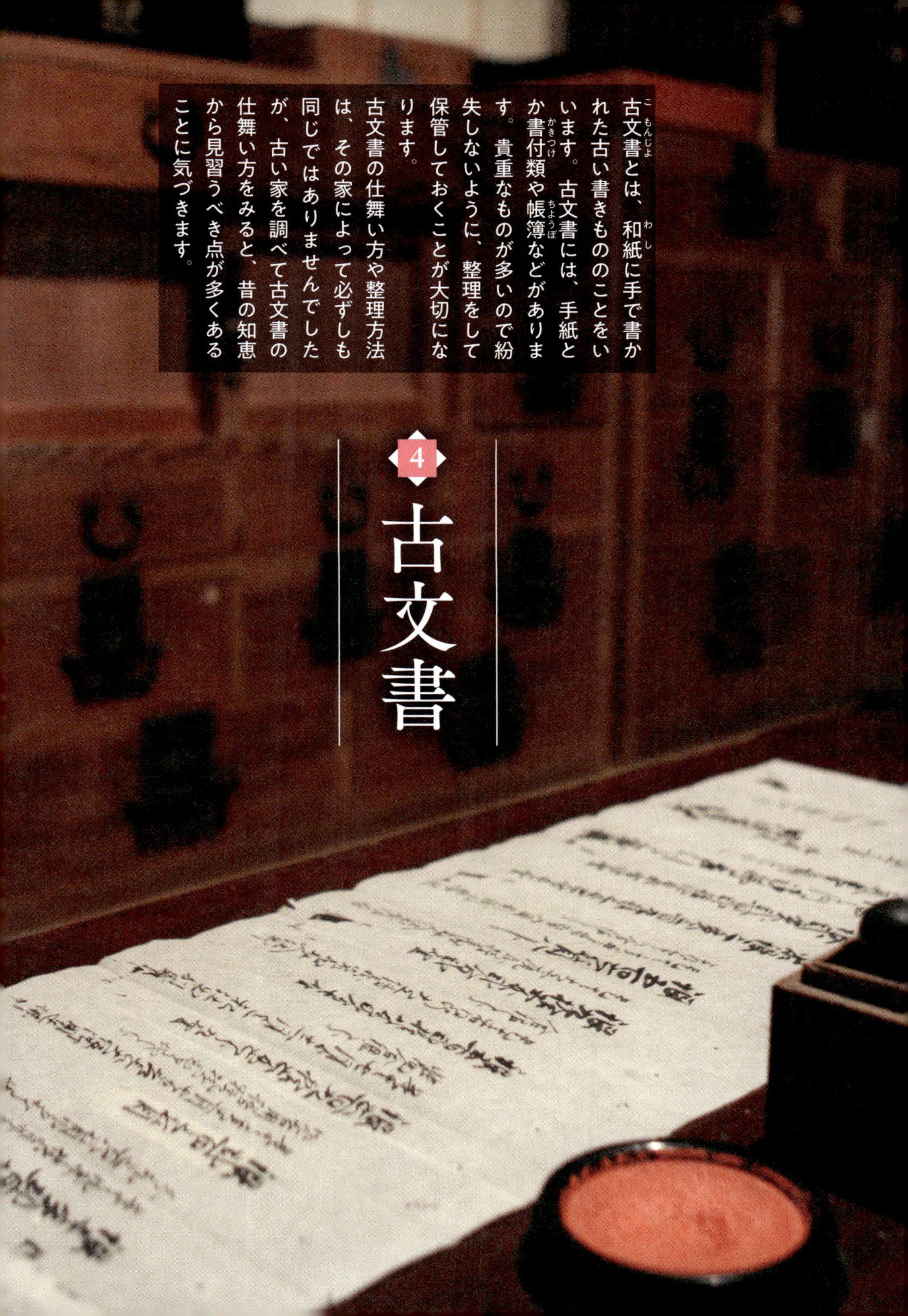

# 4 古文書

古文書《こもんじょ》とは、和紙《わし》に手で書かれた古い書きもののことをいいます。古文書には、手紙とか書付《かきつけ》類や帳簿《ちょうぼ》などがあります。貴重なものが多いので紛失しないように、整理をして保管しておくことが大切になります。

古文書の仕舞い方や整理方法は、その家によって必ずしも同じではありませんでしたが、古い家を調べて古文書の仕舞い方をみると、昔の知恵から見習うべき点が多くあることに気づきます。

# 古文書の種類とかたち

古文書は、手で書かれた古い書きもののことをいいます。古文書を内容によって分類すると、「文書類」と「記録類」に分かれます。文書類は、差出人が受取人に対して意思や用件などを伝えるためのものです。手紙や書付類などがあります。記録類は、覚書《おぼえがき》として後日に残すために書かれたものです。日記や帳簿や記録類などがあります。

古文書には、木簡《もっかん》や竹や布などに書かれたものもありますが、最も多いのが紙に書かれたものです。

形態については「**一紙《いっし》もの**」と「**冊子《さっし》**」があり、一紙ものは一枚の紙に書かれたもの、冊子は、紙を綴じてノート状にしたものです。文書類は一紙ものが多く、冊子が多いのは記録類です。

次頁からそれぞれについて説明します。

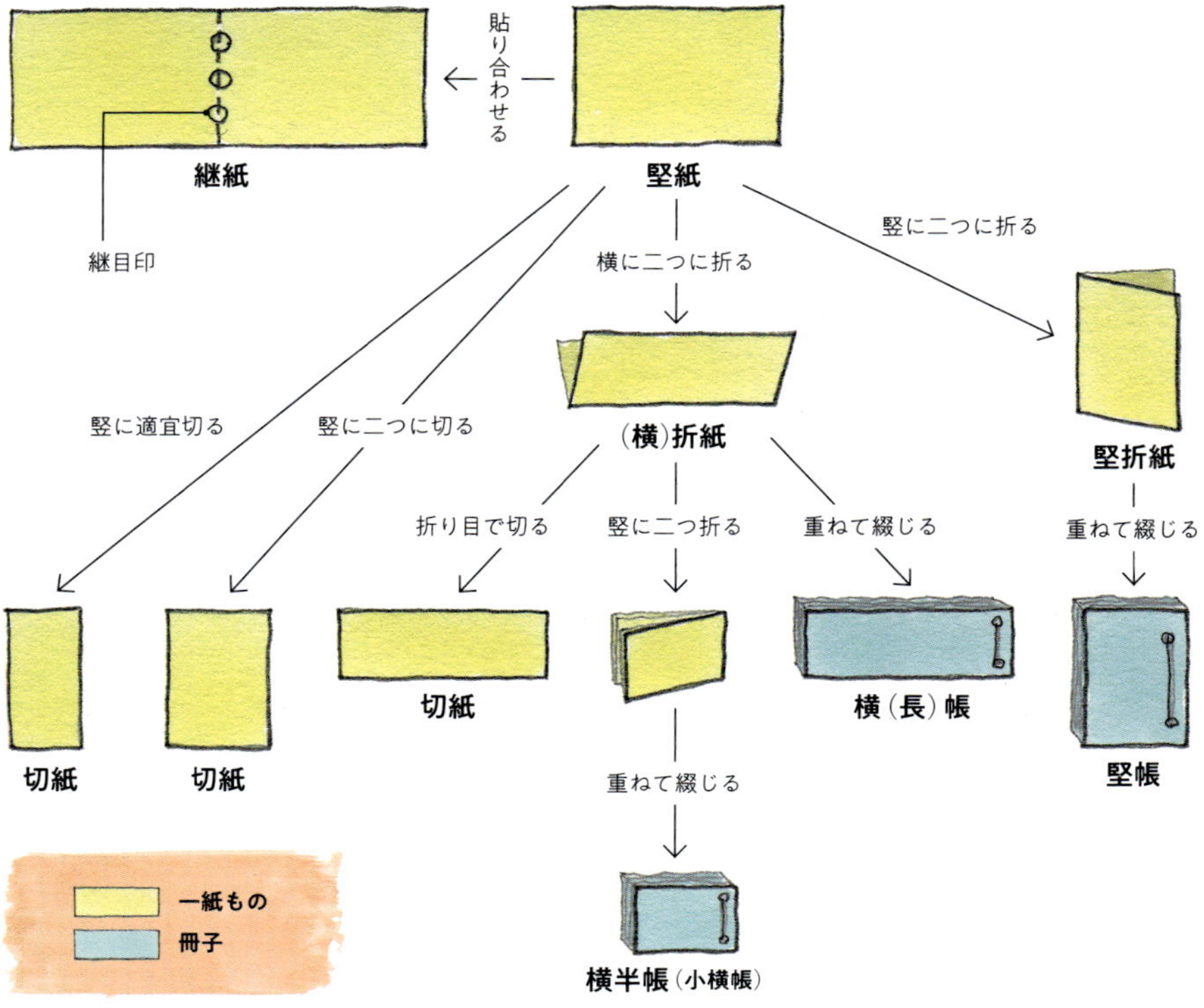

## 一紙もの

一紙ものには、竪紙《たてがみ》・折紙《おりがみ》・切紙《きりがみ》・継紙《つぎがみ》などがあります。

### 竪紙

竪紙とは、漉《す》きあげた全紙を横長に置いてそのまま使ったものです。公文書《こうぶんしょ》や大切な私文書や証文類などに多く使われています。

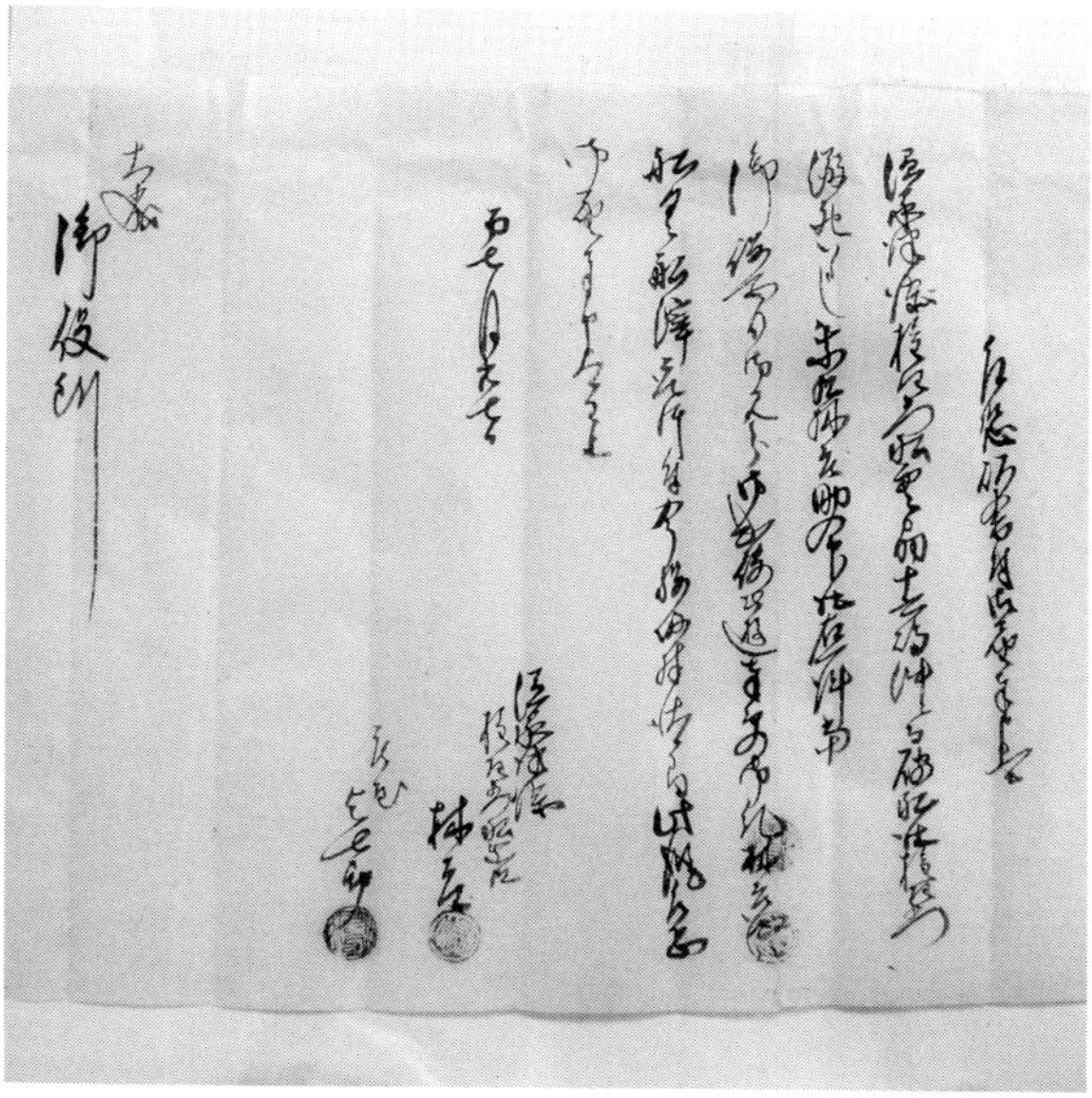

### 紙面各部の名称

紙面の上の部分を天《てん》、下の部分を地《ち》、紙面の右端を端、左端を奥、端から一行目までの余白部分を袖とよびます。

書き方は、右端から標題・本文・日付・差出人・宛名となります。

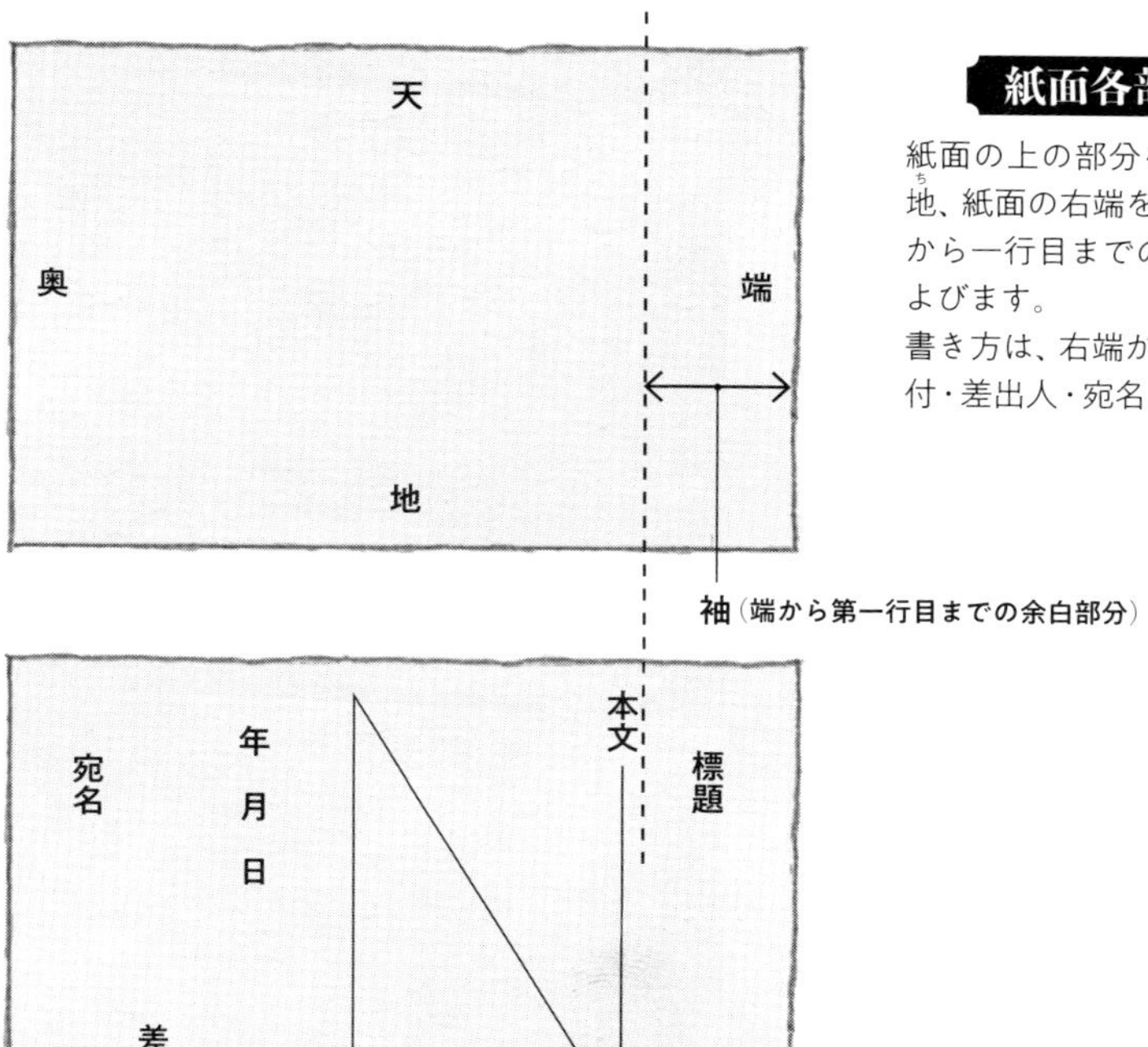

下は前頁の写真の古文書を現在の文字に書き直した図です。

**標題**は、「恐れながら書付をもってお届け申し上げ奉り候」とあります。

**本文**は、「温泉津《ゆのつ》湊《みなと》の権左衛門船が、出雲国十六嶋沖で難破し、権左衛門は溺死、同乗の林吉が助かった一件について、大森代官所から立ち会い、吟味のために役人が出張し、林吉はその取り調べ（御糺《おただし》）を受けたので、船具や船の破片等を片付けて帰村する」という内容です。

**差出人**は「林吉」と「庄屋与七郎」、**宛名**は「大森御役所」となっています。

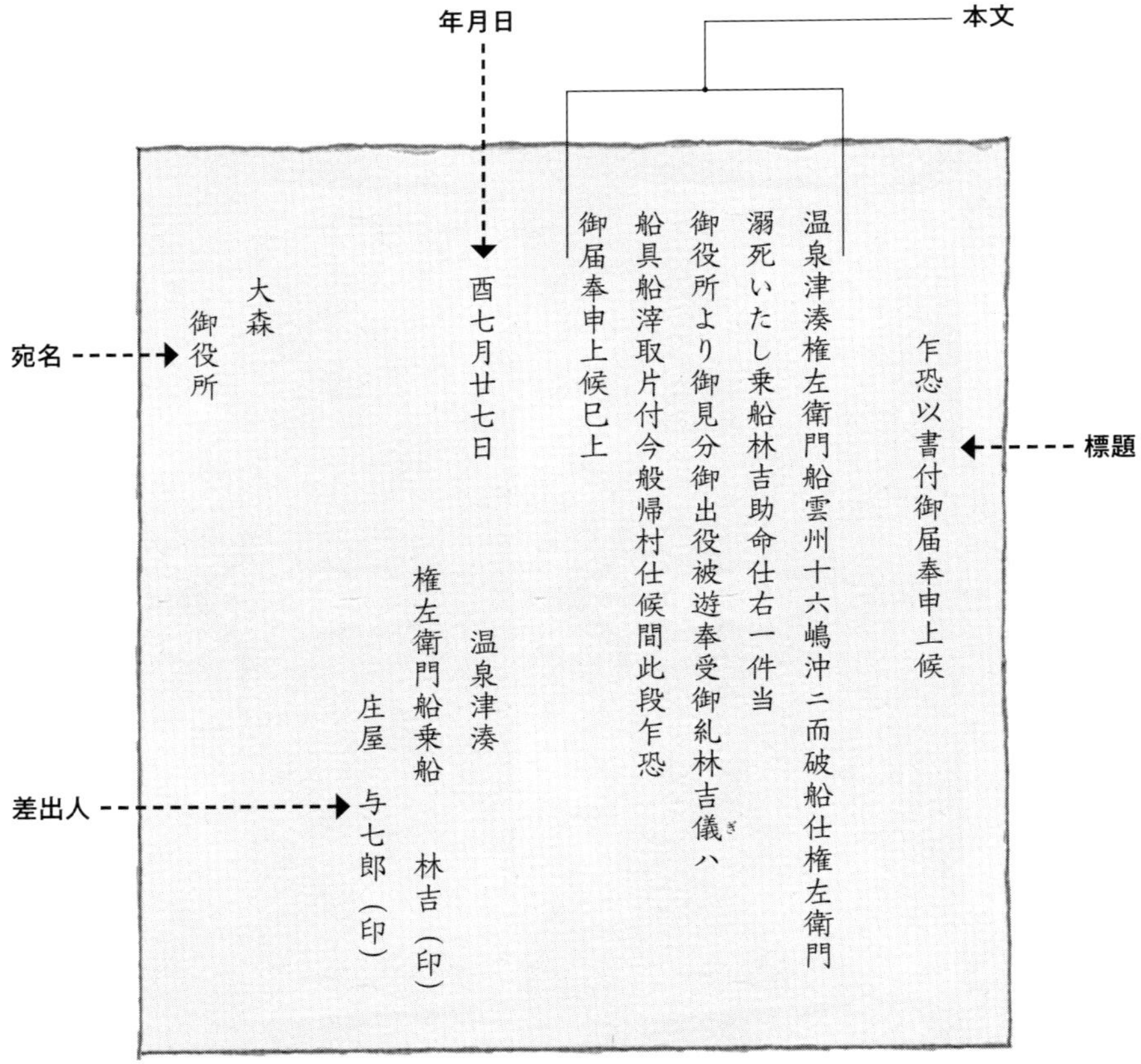
乍恐以書付御届奉申上候

温泉津湊権左衛門船雲州十六嶋沖ニ而破船仕権左衛門
溺死いたし乗船林吉助命仕右一件当
御役所より御見分御出役被遊奉受御糺林吉儀《ぎ》ハ
船具船滓取片付今般帰村仕候間此段乍恐
御届奉申上候已上

酉七月廿七日

温泉津湊
権左衛門船乗船
林吉（印）
庄屋
与七郎（印）

大森
御役所

# 折紙

折紙《おりがみ》は竪紙を横半分に折って使ったものです。折り目を下にして書きます。

手紙や目録などに用いられています。武将の手紙には、この折紙が多く使われていました。それには厚めの和紙が使われていたそうです。

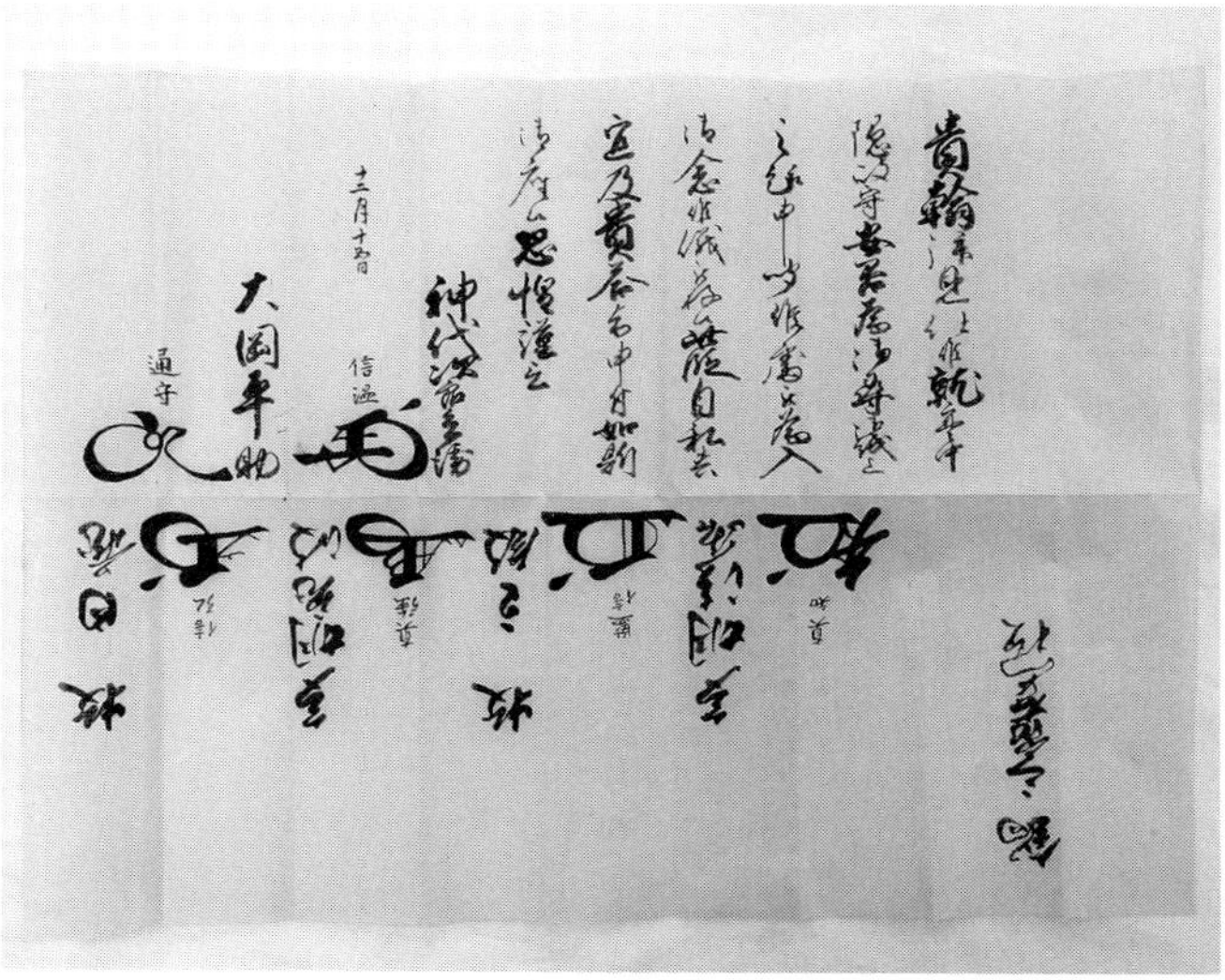

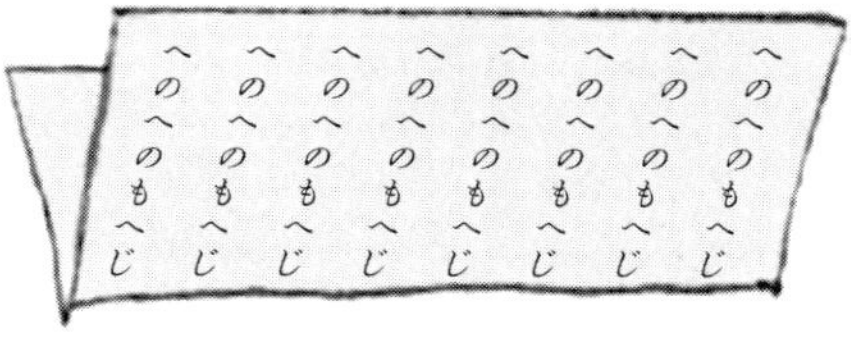


❶竪紙を半分に折って書きます。

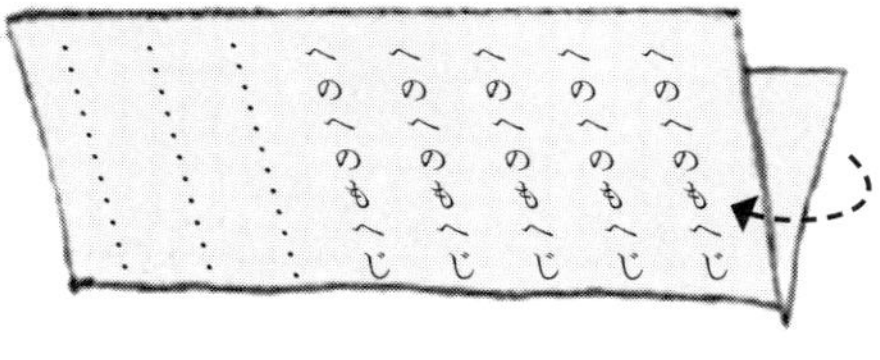


❷書ききれないときには、折り目を下にしたまま裏返して書きます。

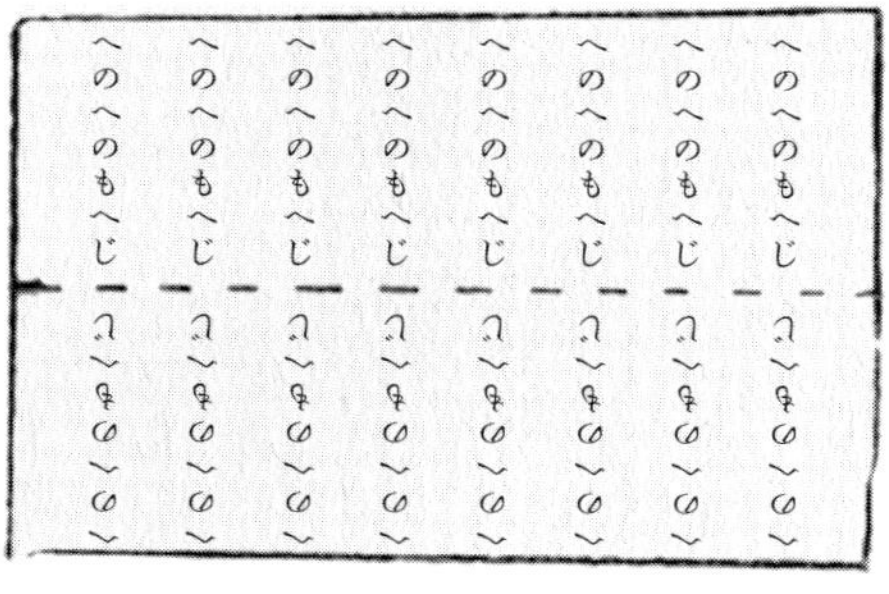


❸広げると文字は折り目を中心に逆方向に書かれています。

## 切紙

切紙《きりがみ》は竪紙を縦半分に切ったものと横半分に切ったものがあります。そのほか必要な大きさに、小さく切ったものもあります。おもに領収書や勘定書《かんじょうしょ》や覚書などに使われました。書く内容が少ないときは、このように、小さい紙に書きます。昔は、紙が貴重だったので、紙を節約したのです。

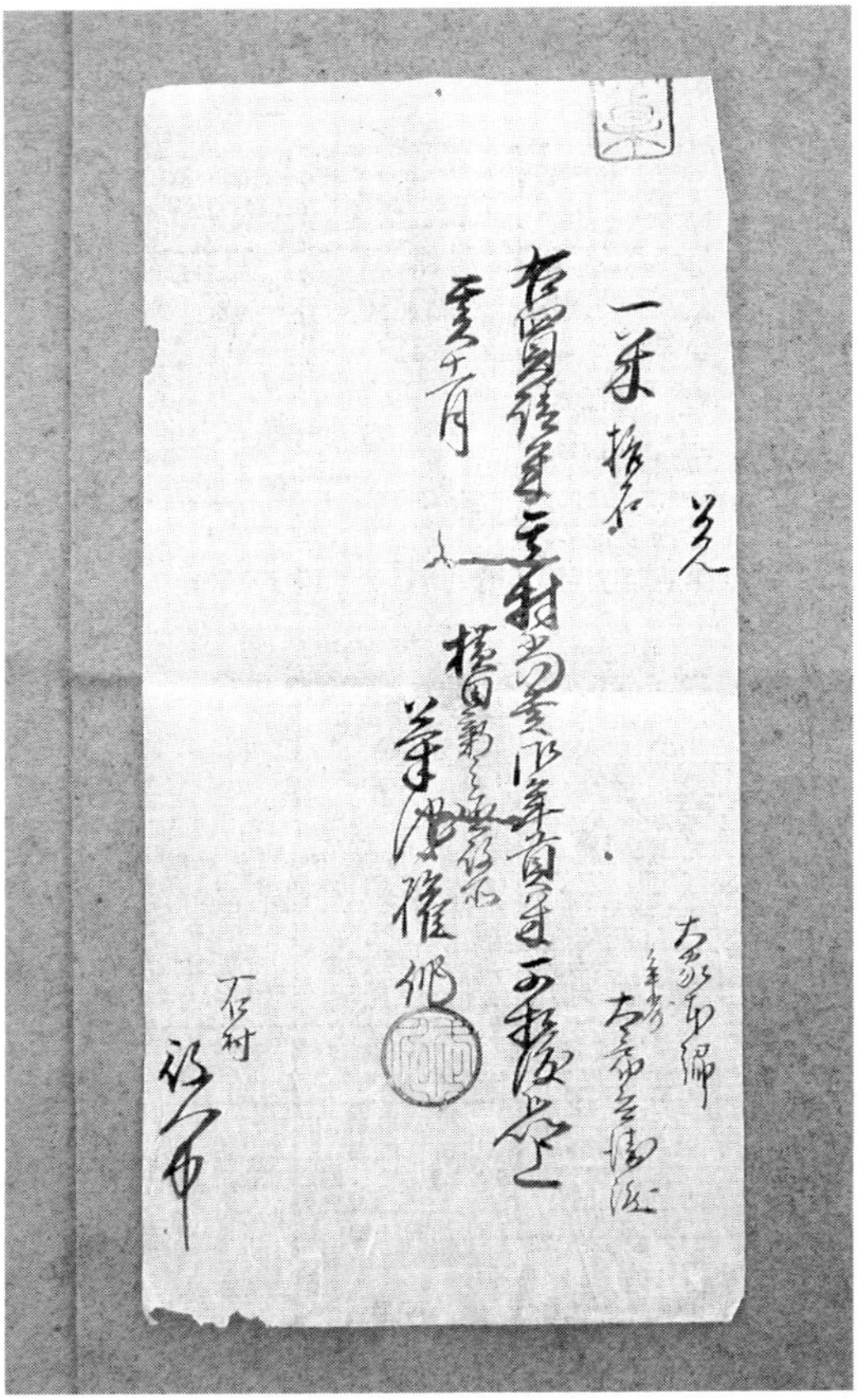

縦半分に切った例です。大森代官所役人の菊池権作から大家本郷の村役人宛に、大家本郷の年貢米から買請け米として十石分を受け取ったという内容の覚書です。

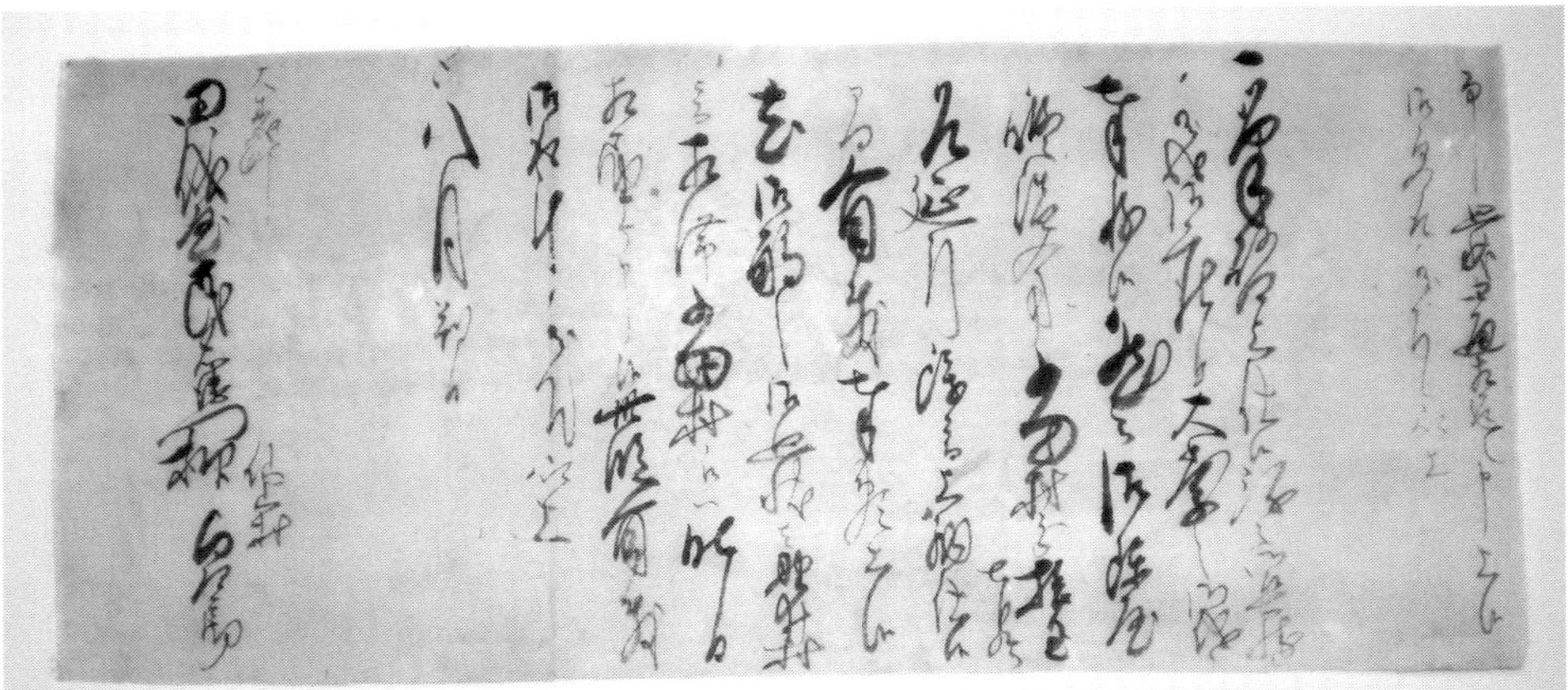

これは手紙です。竪紙を横半分に切ったものは手紙に多く使われていました。

## 継紙

長文で二枚以上になるときは貼って継ぎます。継ぎ目の裏側には割り印を押します。

この文書は連名で書かれているので、全員の印鑑が押してあります。

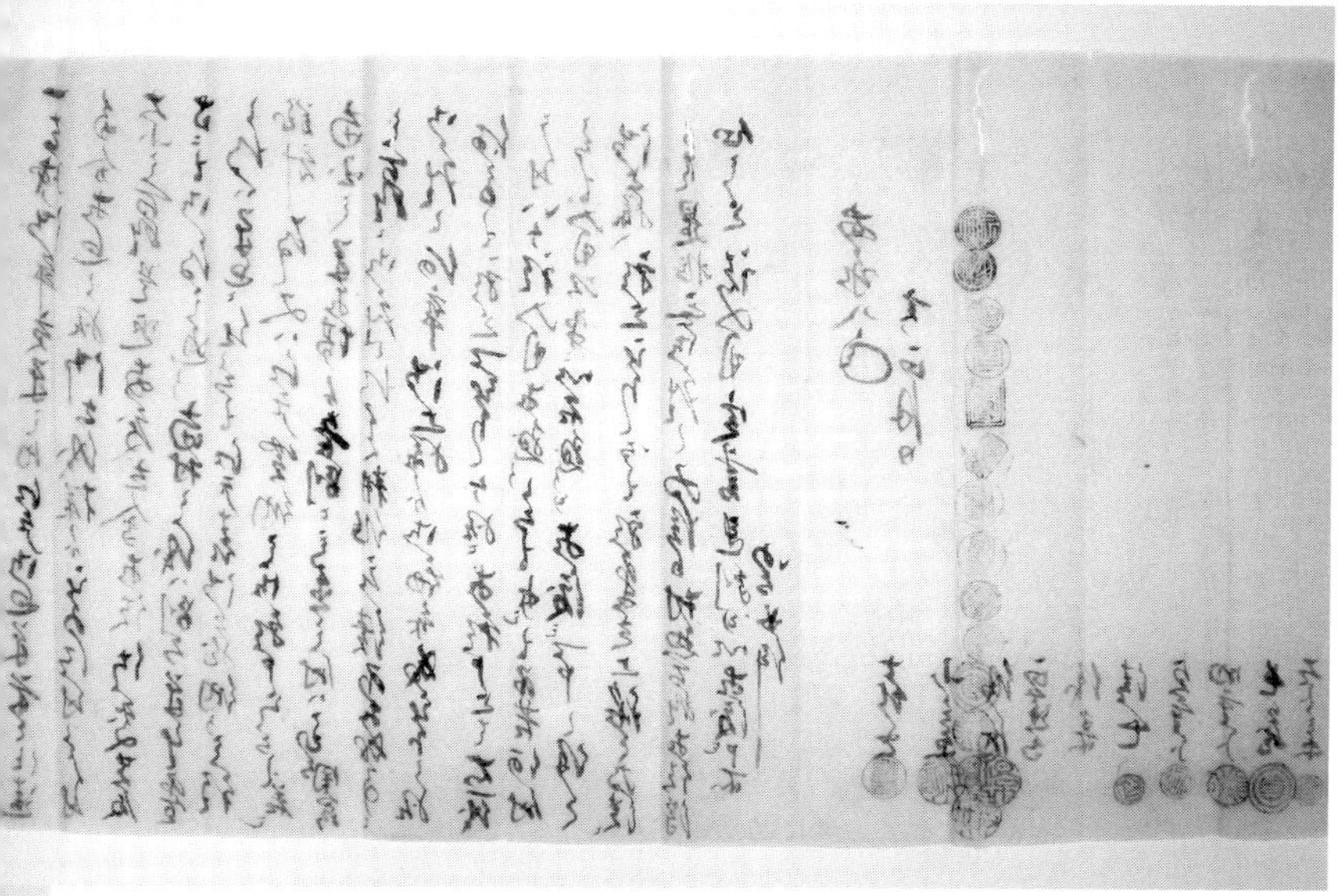

コラム

### 帳簞笥

帳簞笥《ちょうたんす》は商店などの帳場におかれて文書や書付類などを仕舞う簞笥です。袋戸棚《ふくろとだな》や大小の引き出しがついています。

熊谷家の帳簞笥には、中に何が入っているかわかるよう引き出しごとに貼り紙が貼られています。

商店にとって、帳簞笥は店の看板の一つでもありました。そのため、立派なものが多く、大切に扱われていました。

## 冊子

冊子には竪帳と横帳、横半帳があります。

### 竪帳

竪紙を縦半分に折った竪折紙を、重ねて綴《と》じたものです。

左の竪帳は、役所に提出した多数の書類をまとめたものです。

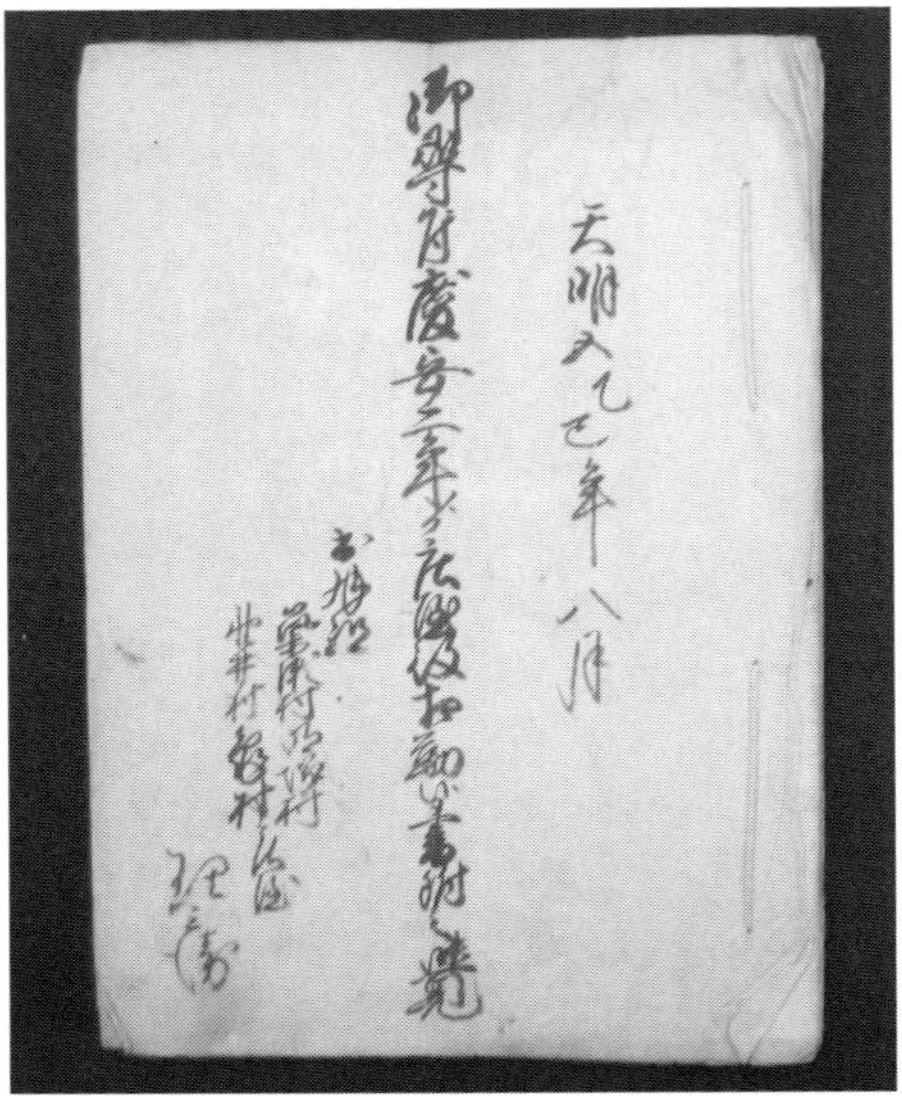

### 横帳

横半分に折った折紙を何枚も重ねて紙縒《こよ》りで綴じたものです。

右の写真は横帳の実例です。

表紙は長手方向に字が書かれていますが、中は横長にして使われています。大福帳《だいふくちょう》をはじめとしていろいろな記録用に使われました。

横帳の表紙

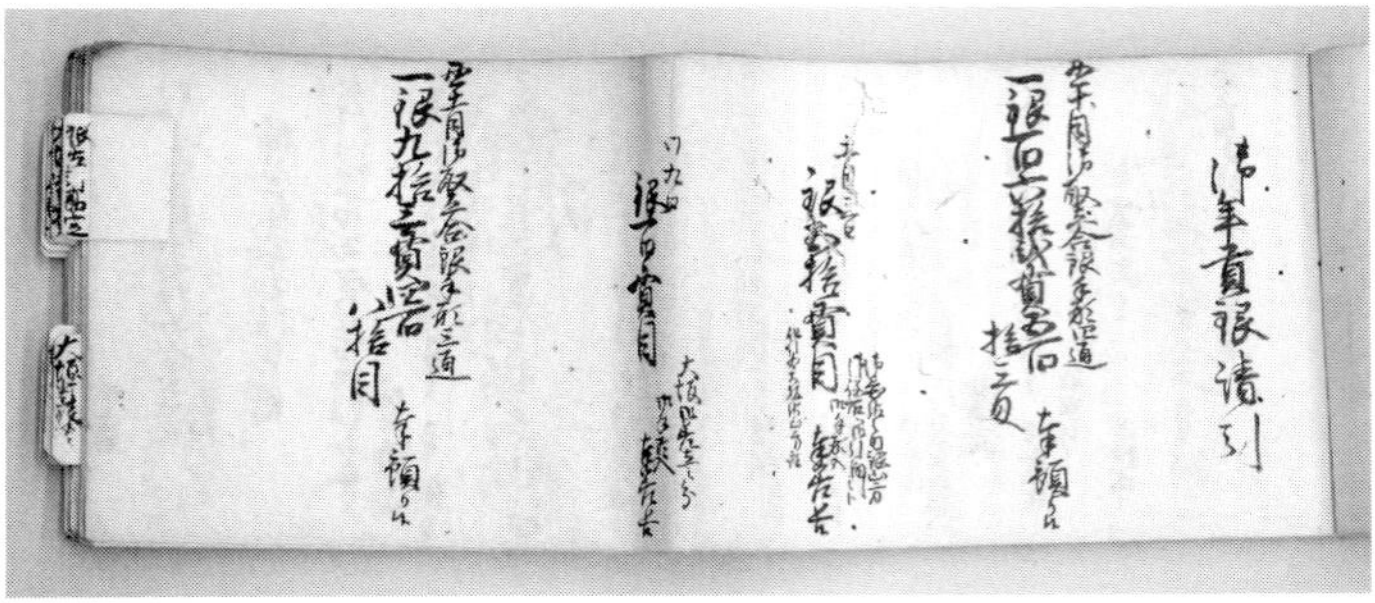

横帳の中身

## 横半帳

横半帳は折紙を縦半分に折り、重ねて紙縒《こよ》りで綴じたものです。小さいので懐に入れるのにちょうどよい大きさです。旅先での小遣い帳やメモ帳にもよく使われていました。左の写真は横半帳の実例です。

コラム

## 冊子の綴じ方いろいろ

冊子の綴じ方にはつぎのようなものがあります。

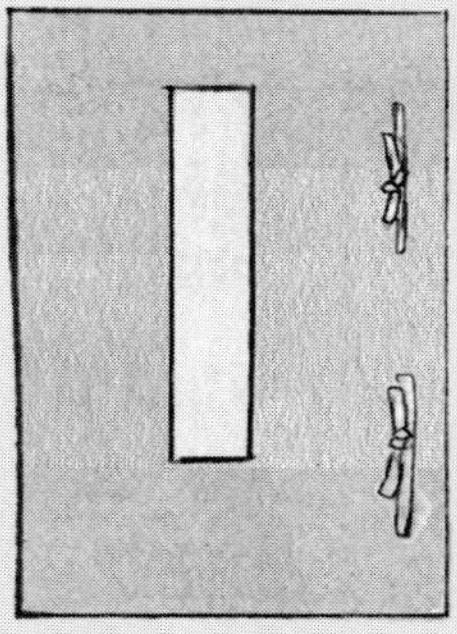

大和綴じ

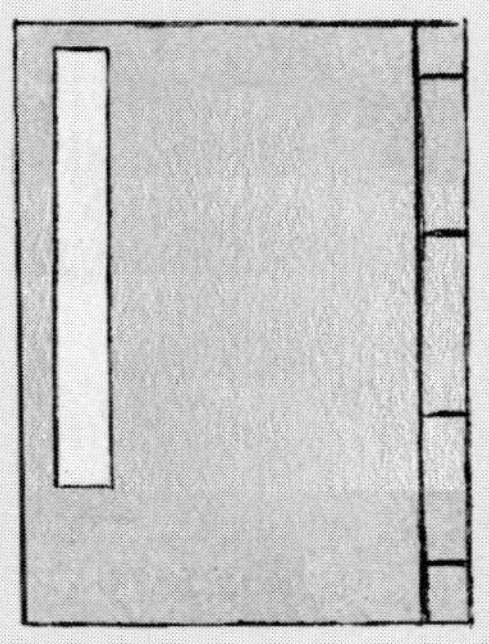

四つ目綴じ

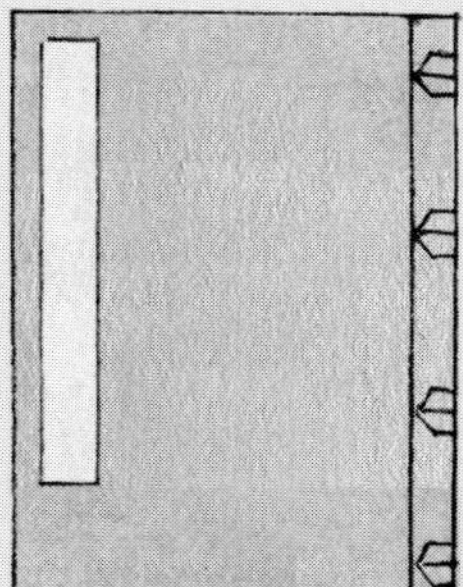

亀甲綴じ

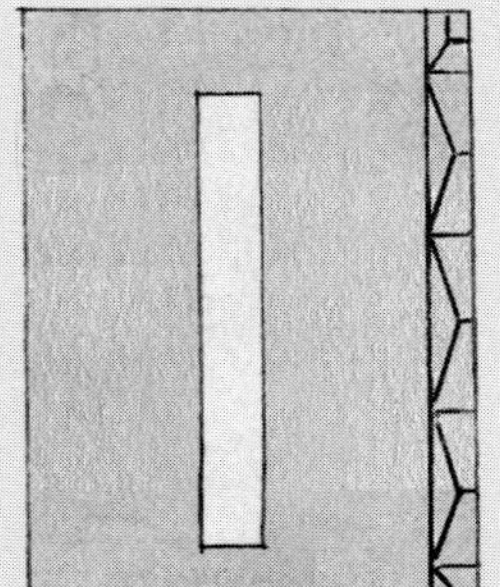

麻の葉綴じ

## 一紙ものの封の仕方

書いた文書は封をして相手に渡します。封の仕方には、「本紙《ほんし》の封」と「封紙《ふうし》の封」があります。

### 本紙の封

本紙の封は、別の紙で包まないで文書自体で封をする方法です。

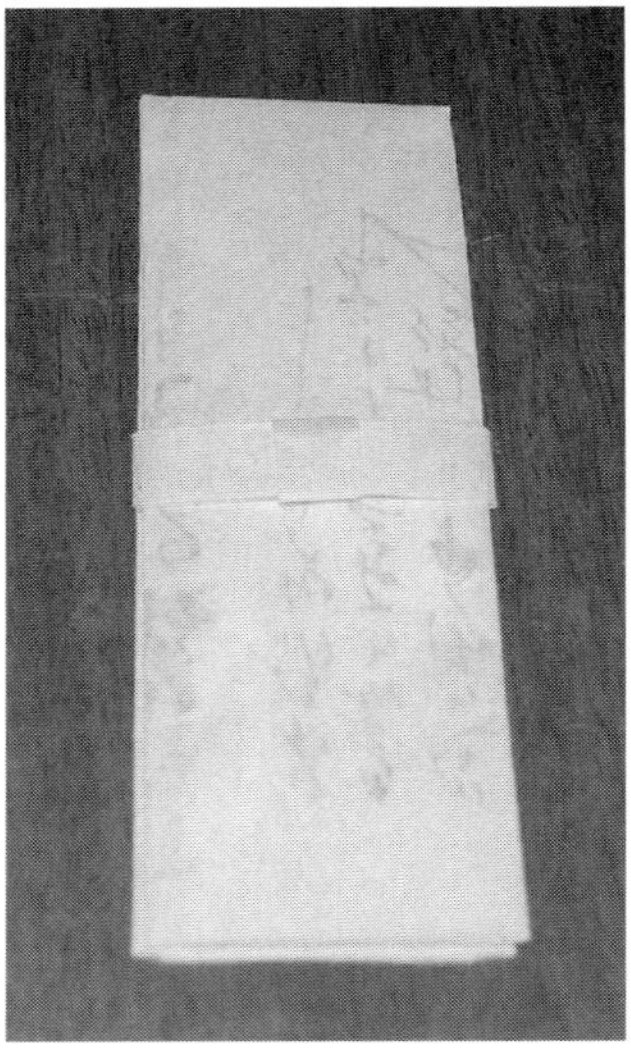

#### 切放ち封

別の紙で紐を作り、折りたたんだ文書をその紐で帯状に巻いて結びます。

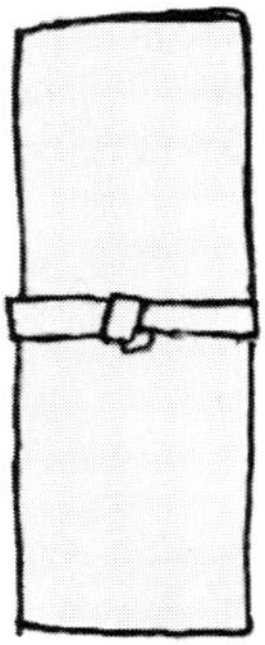

#### 切封

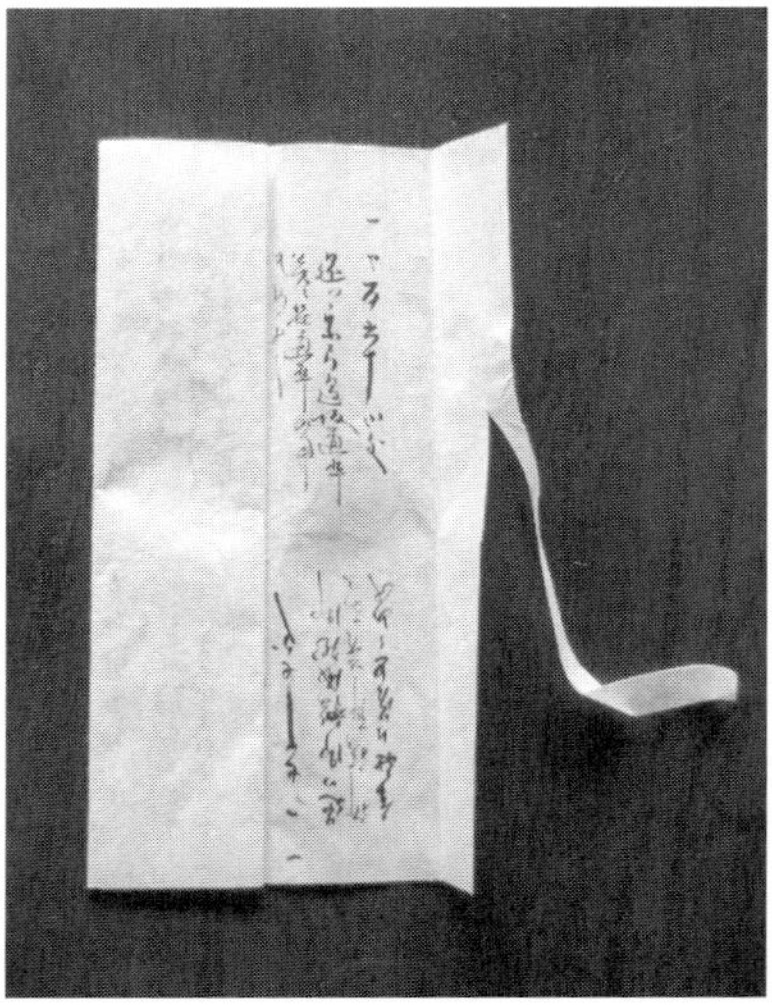

❶
本紙の右端に下から2/3くらいまで数ミリ幅の切れ目を入れます。

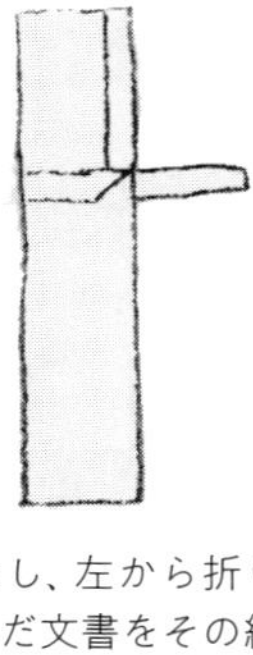

❷
紐状にし、左から折りたたんだ文書をその紐で巻きます。

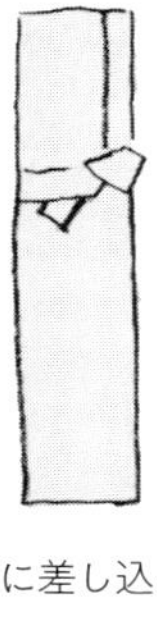

❸
端を帯に差し込みます。

## 結封《むすびふう》

文書を奥から細く折りたたんで結びます。

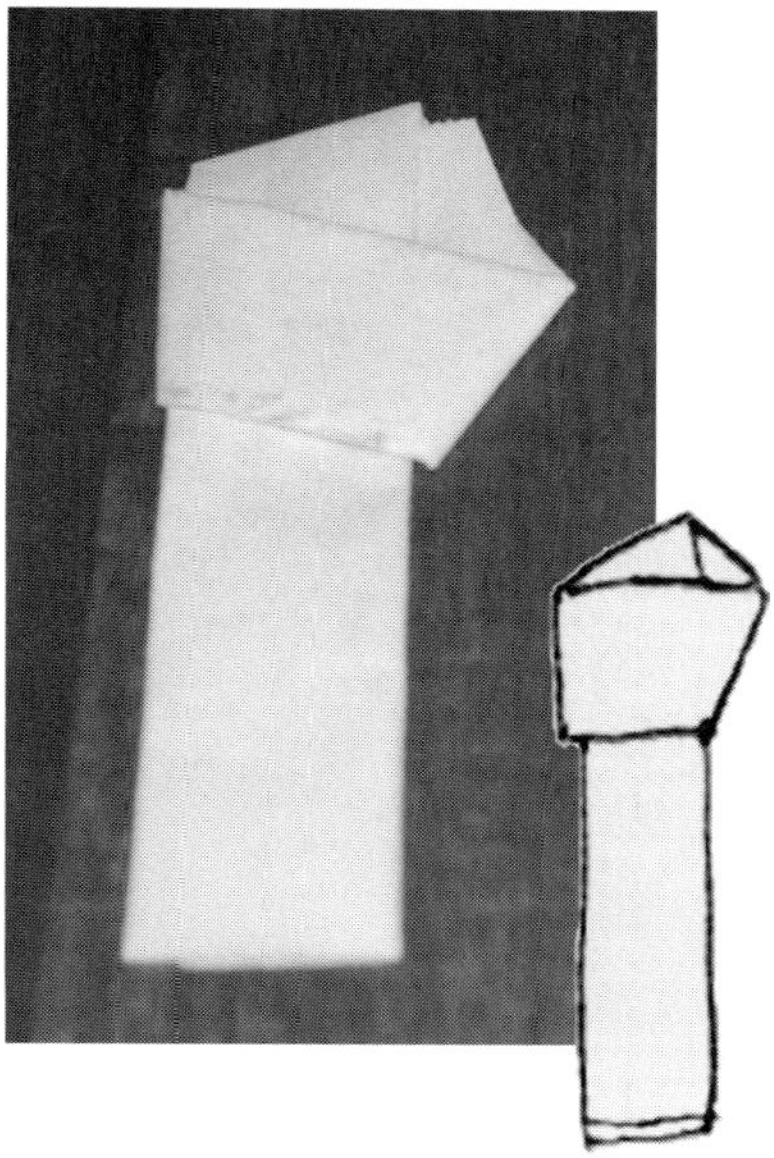

## 捻封《ひねりふう》

文書を奥から折りたたみ、その上端を180度捻ります。

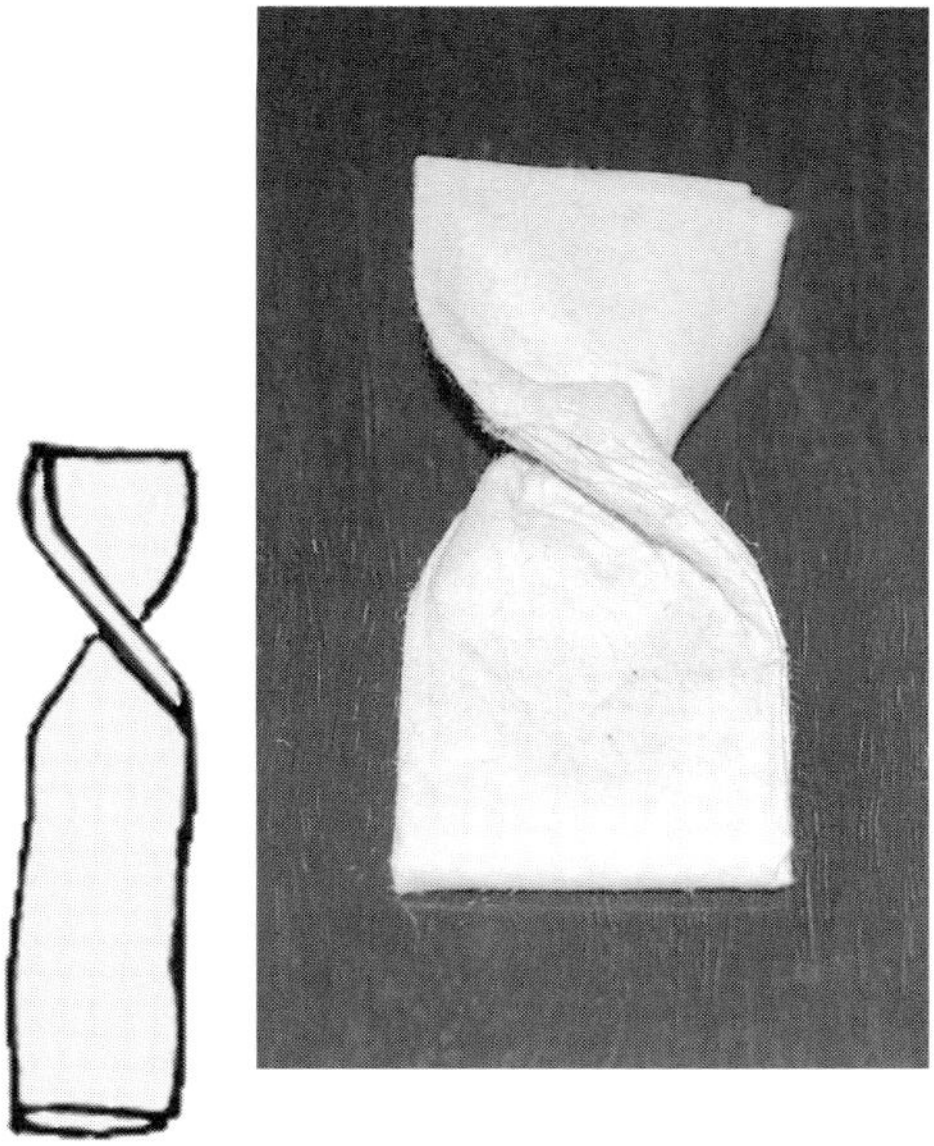

### 熊谷家文書の仕舞い方

コラム

熊谷家文書は、年代と用件ごとに袋に入れて、袋の表に年月日と用件が記入されていました。普通、月日は書きますが、年が書いてあるものは少ないので、歴史資料として大変に価値が高いといわれています。

# 封紙の封

封紙の封は、折りたたんだ本紙を別の紙で包む方法です。

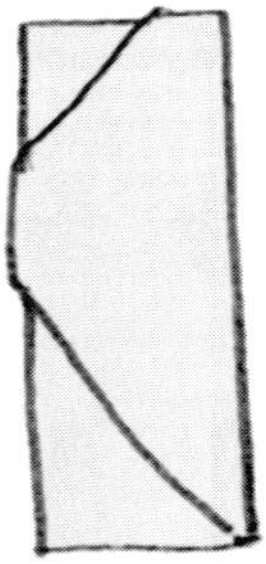

### 糊封

折りたたんだ文書を封紙の端に斜めに置いて包み、封紙の端を糊付けします。

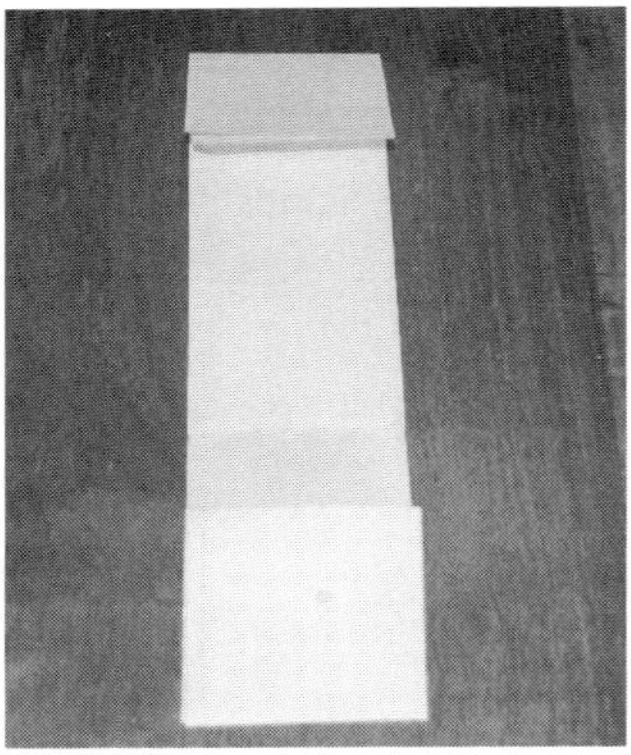

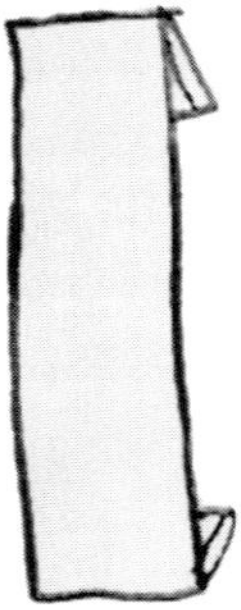

### 折封

折りたたんだ文書を封紙で巻き、上と下を折り返します。

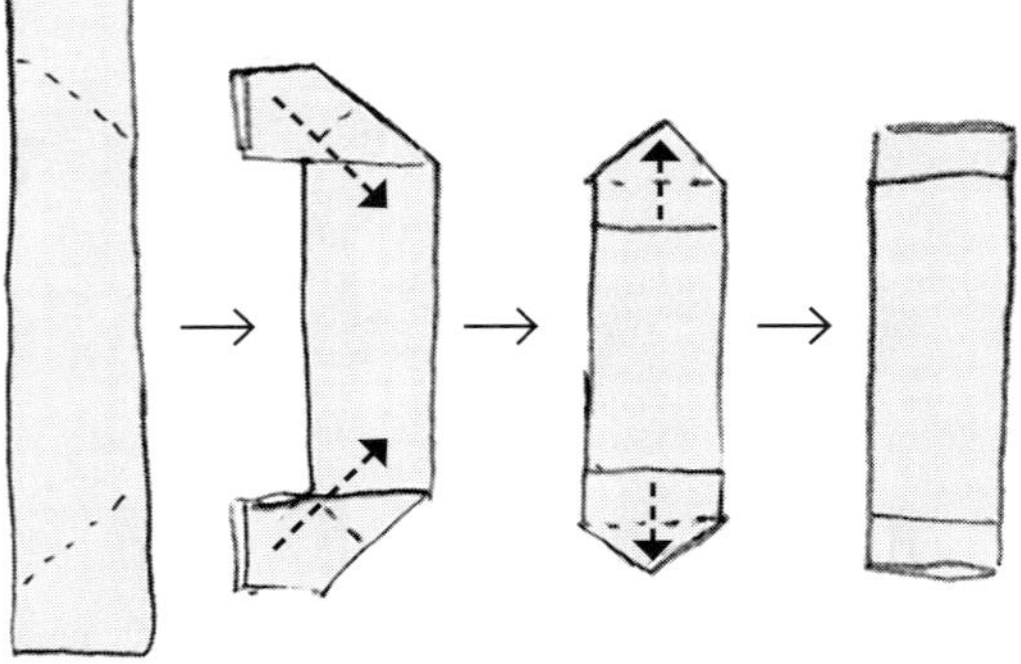

### 捻封

封紙を縦長にして、折りたたんだ文書を巻き、上部、下部をそれぞれひねる。ひねった部分には、さらに紙撚《こより》をかける。

# 仕舞い方

## 整理

文書類の仕舞い方は、まず整理し、これを行李《こうり》や木箱に収めます。

文書にとって湿気はもっとも避けなければなりません。行李や木箱は乾燥したところにおきます。

### まとめる

内容ごとに紙縒りでくくったり、袋などに入れて整理します。

### 袋に入れる

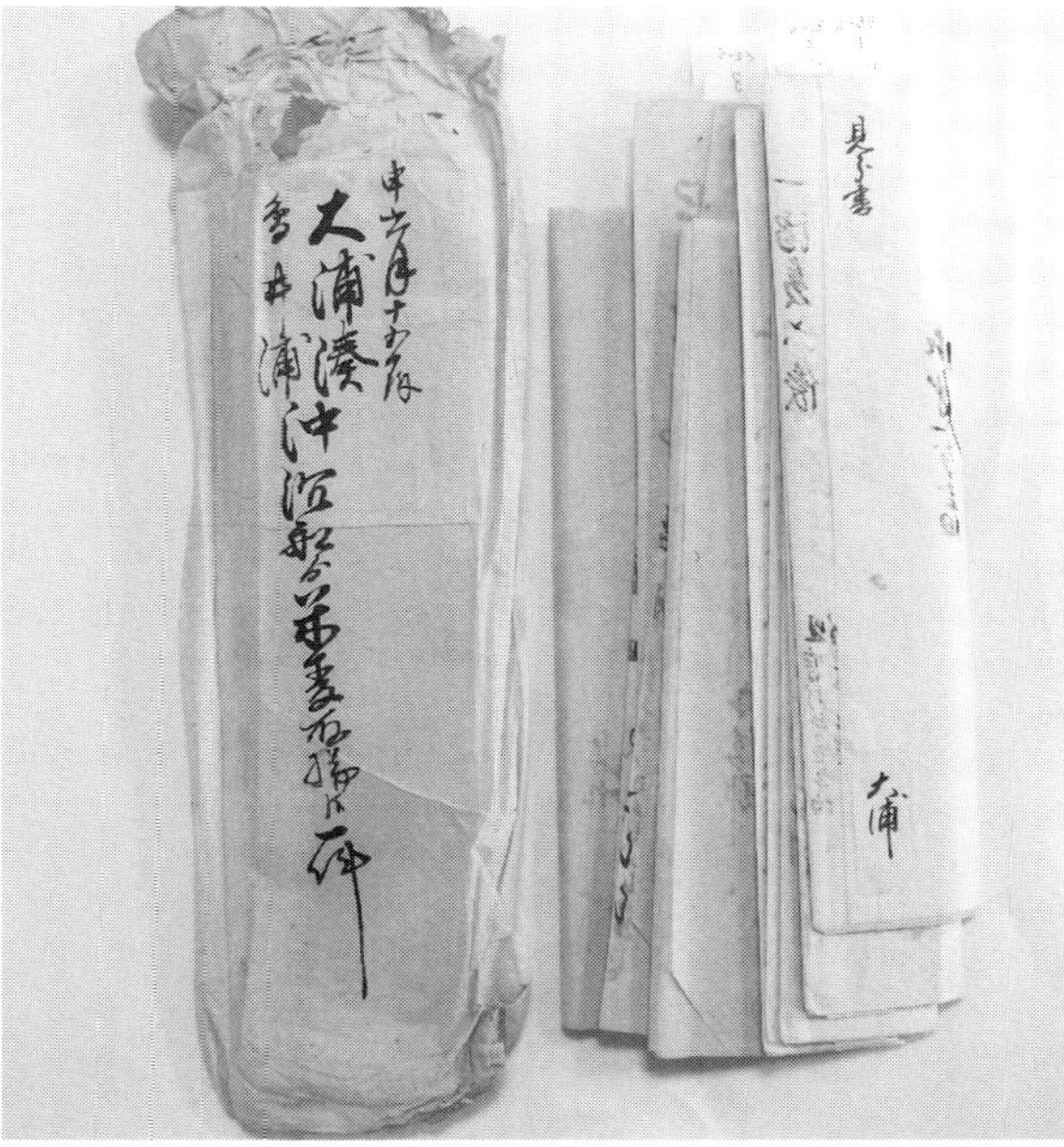

袋は反故紙などで作ります。熊谷家文書は、年代と用件ごとに袋に入れて、袋の表に年月日と用件が記入されていました。

## 行李に入れる

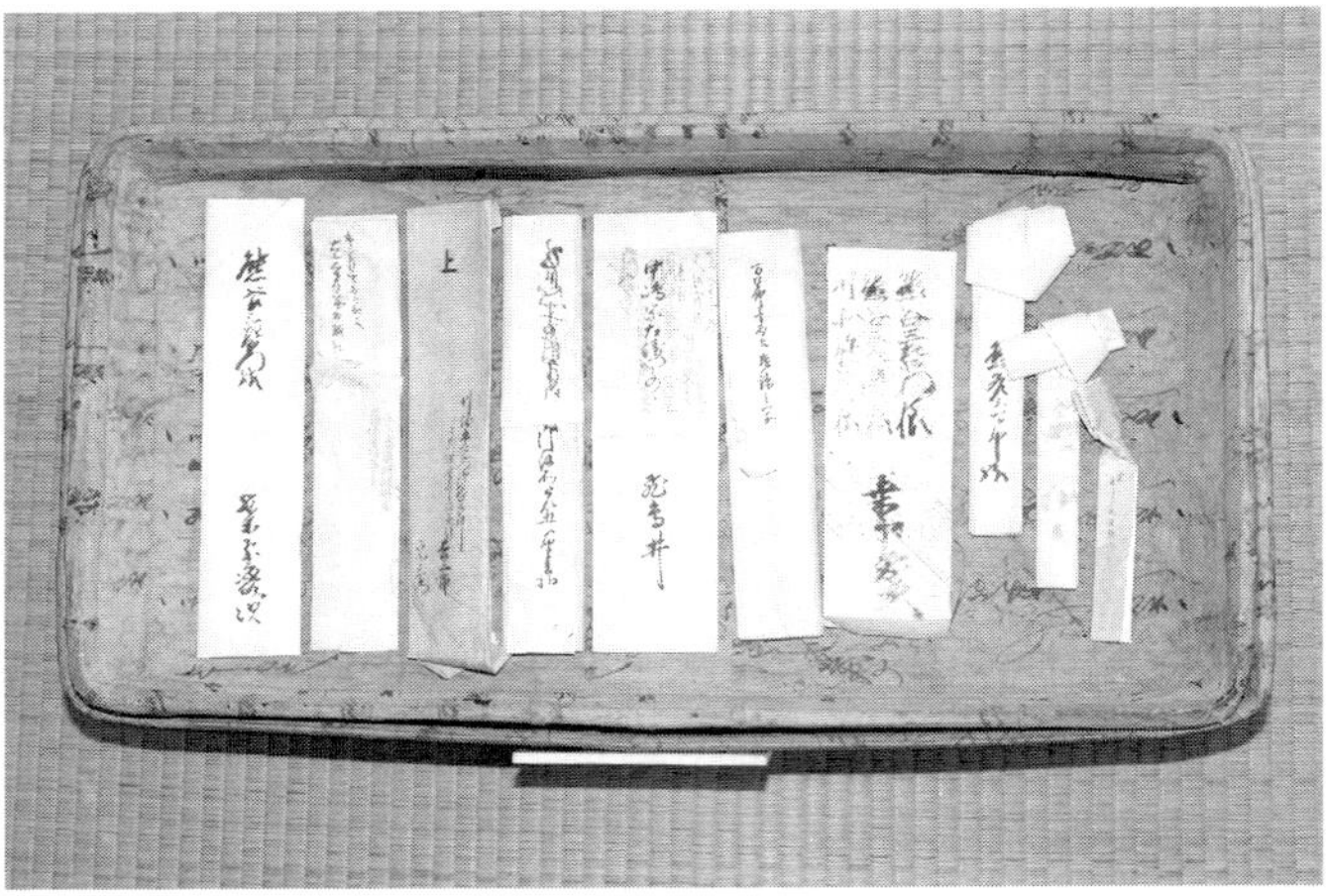

行李

行李は中が蒸れず、軽くて扱いやすいのでよく使われました。
大切な文書にはあまり使われません。

## 木箱に入れる

木箱は丈夫ですから中の文書を傷めません。多量の文書も収納できて、もっとも多く使われたものです。

木箱は杉や桐の箱が使われます。桐箱は多量の文書を入れるのではなく、重要な文書を入れるのに用いられました。

桐箱

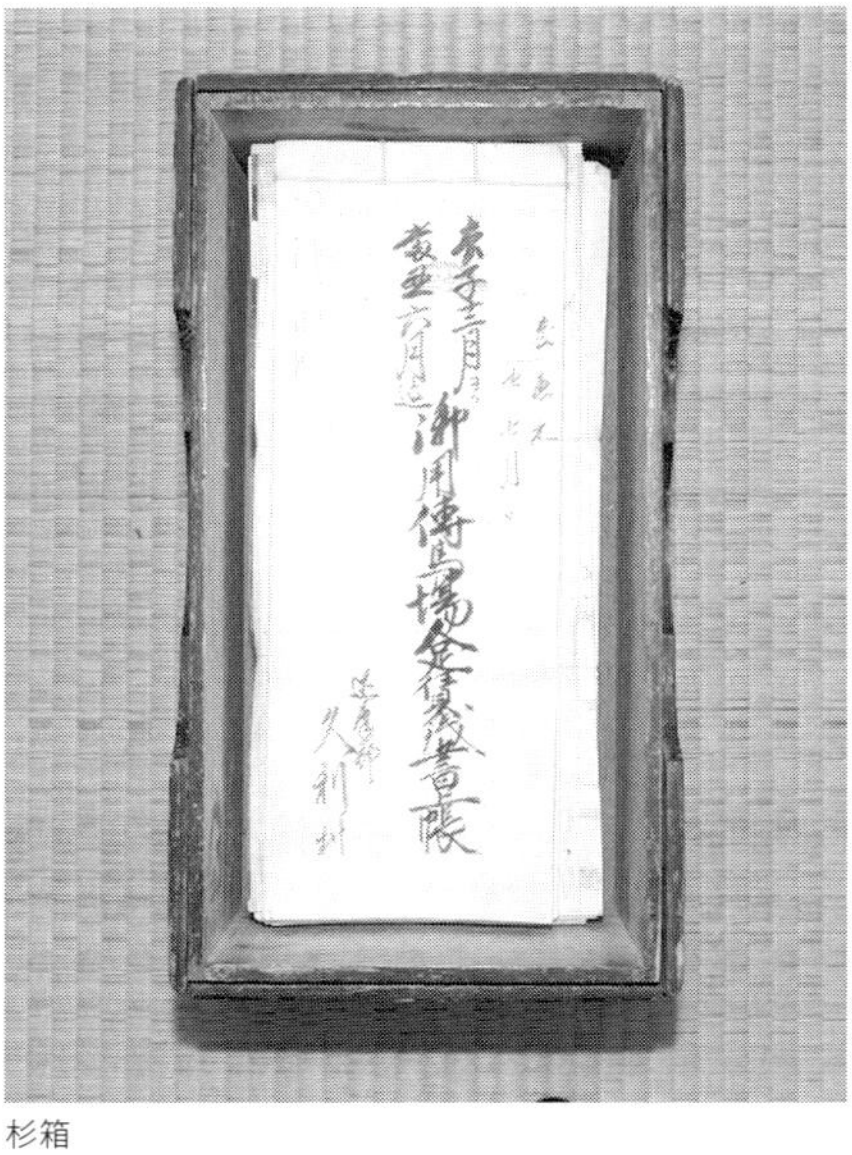

杉箱

5

# 食品

食品の場合、仕舞うというより保存ということになりますが、冷蔵庫も冷凍庫もない時代、食物の保存は大変でした。食品の種類は、多種多様ですし、生ものですから放っておけばすぐ傷んでしまいます。また、虫害《ちゅうがい》・獣害《じゅうがい》にもあいます。

このため、人々は長い間かけて、保存法、仕舞い方について工夫を重ねてきました。

これには大きく分けて、食品を入れておく容器についての工夫と、太陽・風・雪・土といった自然を利用して保存する方法の二つがあります。

# 保存容器

保存容器の種類には陶磁器《とうじき》・木製品・その他があります。

## 陶磁器

陶磁器《とうじき》には甕《かめ》と壺《つぼ》があります。陶磁器は、気密性が高く、長期保存に適しています。また、色や匂いが移ることなく塩分や酸、薬品などにも耐えます。

## 木製品

木製品には樽《たる》と桶《おけ》があります。蓋が固定されているものが樽で、固定されていないものが桶です。

## その他

ブリキ・琺瑯《ほうろう》・ガラス・俵《たわら》・叺《かます》（藁《わら》むしろを二つ折りにして作った袋）・麻袋・布袋です。

### 陶磁器

**甕**

甕は口が広く、出し入れや手入れが容易なため、梅干や塩漬けした生わかめなどを入れます。

**壺**

壺は口が小さく胴が膨らんだ形で、液体を入れるのに適しているため、酒や醤油、油、酢などを入れます。

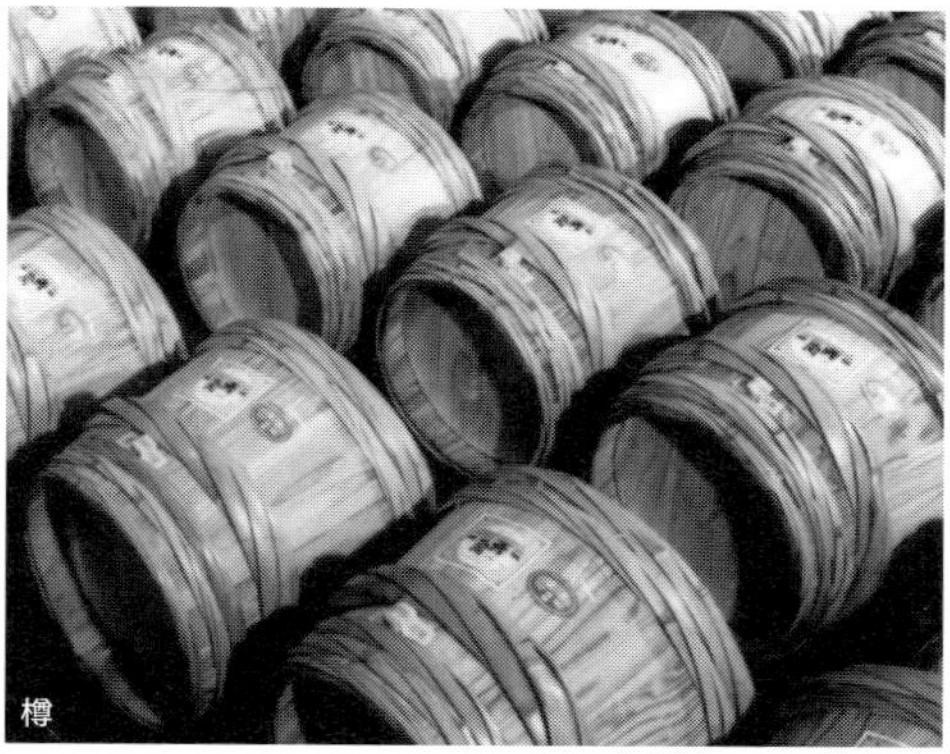
樽

酒樽

## 樽

樽は、蓋が固定しているので液体を入れておくために使います。

そのため、液体や塩分の浸透を防ぐ丈夫な板目《いため》が使用されます。

酒樽には吉野杉《よしのすぎ》が最もよいとされていました。杉の揮発油《きはつゆ》による化学変化で木香《もつこう》がしみて、お酒の味がよくなるのだそうです。味噌、醤油などの発酵食品の製造過程においても、微生物が複雑に作用し、味や香りに深みが増していきます。

木製品

## 桶

蓋が固定していません。大小あってさまざまな用途に使います。

### 板目と柾目《まさめ》

コラム

材料の板には板目と柾目があります。恒常的に水分を蓄えておくための樽は、液体や塩分の浸透を防ぐ丈夫な板目が使用されることが多く、たらいなどの人目につく桶には、杢目《もくめ》の美しい柾目が使用されます。

柾目

板目

## 茶箱

茶葉を貯蔵するのに使う箱です。虫や湿気を防ぐために内側にブリキや渋紙《しぶがみ》を張った木箱です。渋紙には柿渋のタンニンが塗られていて、防水、防虫、防腐効果があります。

## 米櫃

精米した米を保管する杉や桐、欅《けやき》などの木箱です。木材は吸湿性があり、湿度調整機能があるため、米櫃《こめびつ》に適しています。

## ブリキの箱

ブリキは水がしみないうえ、空気も入らないので密閉性が高く、湿気を嫌うお茶や粉類などを仕舞うのに適していますが、昆布・塩など塩分のあるものは錆びるので、注意しなければなりません。

# その他

## ガラスと琺瑯の容器

ガラスと琺瑯《ほうろう》は強い塩味の食材や、酸、アルカリにも耐えます。陶器より軽く水分のしみだしがなく、匂いが残りません。表面がなめらかで汚れにくく、洗浄効果が高く、細菌の付着も少なくてすみます。

ガラスは透明で、外から見えるため調味料を入れるのに適しています。

一方、琺瑯は中が見えにくいという欠点はありますが、ガラスと違って割れないので、長く使用できます。

## 俵と叺

俵《たわら》と叺《かます》は藁《わら》で編んであります。俵は米を入れたり、凍《し》み餅《もち》・穀類を入れるために使われ、叺は穀類・豆類を仕舞うために使われていました。

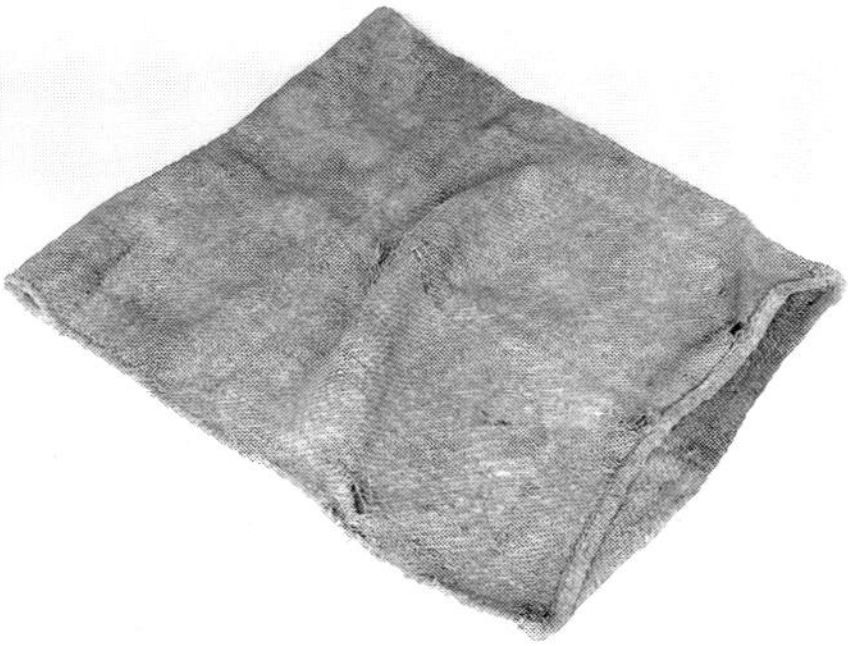

## 麻袋

麻袋は、じゃが芋・玉ねぎ・さつまいも・穀類・豆類を入れました。

## 布袋

煮干し・米・麦・黒豆・胡麻は木綿を袋状にして縫った布袋に入れて仕舞います。

# 包装材・充填材

籾殻で卵の充填材にする

食物を包む包装材には、草木の葉や皮を使いました。充填材《じゅうてんざい》は、野菜や果物を保存容器に入れるとき、保存をよくするために使うことがあります。

## 包装材

食物を直接包むものとして、笹やハラン・竹の皮などが使用されていました。

竹の皮は、内側がツルツルしてくっつかないうえ、水をはじきます。また吸湿性もあり、適度な湿度を保つことができます。ちまきや羊羹《ようかん》を蒸すときにも使われていました。天日《てんぴ》で乾燥させたものが包み紙や覆い蓋などの梱包材として用いられました。また、鯖《さば》寿司を巻く竹の皮は、その消臭効果によって生臭さを消します。

笹

ハラン

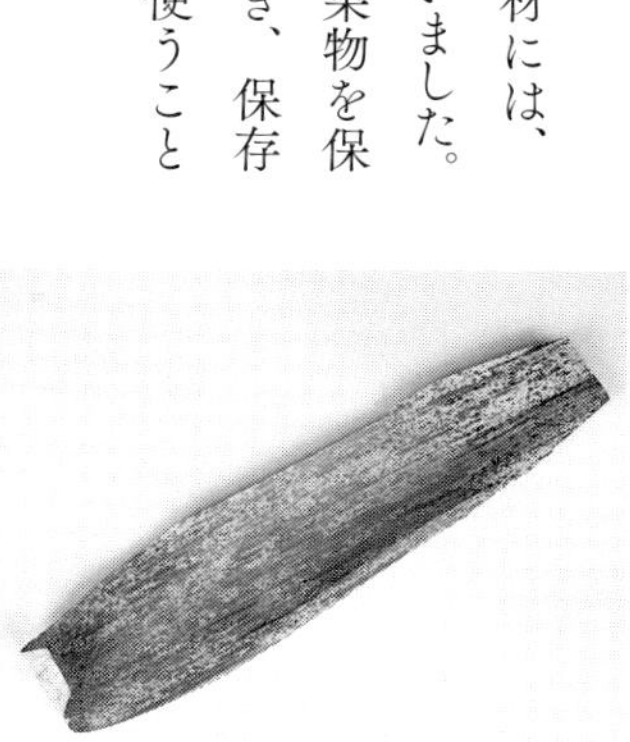

竹の皮

## 充塡材

充塡材にはウッドウール（木毛）・新聞紙・籾殻《もみがら》・おが屑《くず》・糠《ぬか》などが利用されてきました。ウッドウールは温度、湿度を吸収するため、好んで使用されました。赤松などを使用し、節を除き、皮を剝ぎ、丸太の節の間を二つに割り、細いそうめん状に削り出して乾燥させたものです。籾殻は保温効果があるので、さつまいもや林檎などの寒さに弱い食品を保存するときに使います。おが屑は温度、湿度調整機能があります。おが屑を箱に詰めて、山芋、長芋、百合根《ゆりね》などを入れ、水気がなく、通気性のよいところにおきます。糠は、細菌の発生を抑えることができるため、林檎などを保存するときに使います。新聞紙は炭酸ガスや水滴を吸収する効果があります。

籾殻

ウッドウール

糠

おが屑

# 乾燥・防虫・防腐

食物を長期保存するために、葉や灰、炭など、乾燥、防虫、防腐効果のあるものを使いました。

## 乾燥効果があるもの

干し椎茸や昆布に炒った大豆を入れて仕舞うと乾燥効果があります。また、ウッドウールは湿度を吸収するため、よく使われました。炭にも吸湿効果があります。

## 防虫・防腐効果があるもの

南天《なんてん》は生葉に殺菌・防腐効果があります。山椒《さんしょう》は米や乾麺《かんめん》を仕舞う際に葉を紙に包んで缶に入れ冷暗所《れいあんしょ》に仕舞います。月桂《げっけい》樹《じゅ》の葉は防虫効果があり、乾燥させて米《こめ》櫃《びつ》などに入れます。

笹の葉は殺菌・防腐《ぼうふ》作用があり、味噌《みそ》を保存するときに上にすき間なく並べます。

朴葉《ほおば》は殺菌作用があり、天日で乾燥して、包み紙や覆い蓋などに用いられました。

甕に灰を入れて鰹節《かつおぶし》を埋めておくと、虫に食われたり乾燥しすぎたりせず保存できます。また、生わかめに草木灰《そうもくばい》をまぶして干すと、わかめの酵素の働きを抑え栄養もそのままで、長期保存することができます。

山椒

南天

朴葉

月桂樹

### 炭の効用

コラム

炭の中には無数の穴があり、そこに不純物が付着するので水や空気を清浄にすることができます。

脱臭・吸湿・鮮度保持効果があり、野菜を老化させるエチレンガスを吸着し、汚臭《おしゅう》物質をなくしてくれます。

炊飯時に一緒に入れると、有機物質や残留塩素・不純物などが吸着除去され、炊飯に使う水質が向上します。

炊いたご飯が黄ばんだり、臭くなったりしにくくなります。

# 保存法

自然を利用する保存法の場合、食品によって適温がありますので、これを保つ必要があります。そのうえで劣化を遅らせる方法、温度を下げる方法をとります。

新鮮さを保つには、温度、湿度が重要になり、ほとんどの野菜は高湿度での貯蔵が適しています。

果物は、日中に収穫されるため品温が高く、できるだけ早く温度を下げなければならず、冷水、通風などによって冷却します。

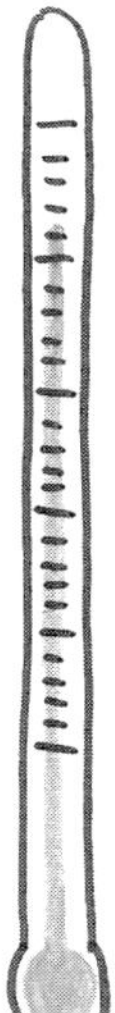

| 野菜 | 果物 |
| --- | --- |
| **10〜13℃**<br>10〜13℃ 茄子（なす）、胡瓜（きゅうり）、かぼちゃ、さつまいも | **10〜15℃**<br>西瓜、メロン |
| **7〜10℃**<br>オクラ、完熟トマト、ピーマン | **7〜8℃**<br>ネーブル、はるみ、いよかん |
| | **2〜6℃**<br>柚子《ゆず》、八朔《はっさく》、ぽんかん、温州みかん |
| **0〜2℃**<br>玉ねぎ、にんにく、キャベツ、白菜、大根、人参、ほうれん草 | **0〜2℃**<br>桃、枇杷《びわ》、すもも、無花果《いちじく》、柿 |

## 太陽

天日、風、寒気などの自然条件を利用して干すことにより凝縮した旨味《うまみ》が楽しめ、長期保存ができ、含水率を下げ、貯蔵の安全性を高めるだけでなく、品質の劣化を防ぎます。水を寄せつけないよう一気に干しあげると色、香りの変質が少なく、生とは違った風味、美味しさがあります。椎茸は、生のものよりビタミンDが増え、大根はカルシウム、ビタミン、鉄分などが増えます。秋晴れの日にもう一度干すと、虫がわかずに長持ちします。

### 柿

色づきのよい固めのものを選び、皮を剥きます。晴天が続く日を選び、風通しのよい場所に吊るします。

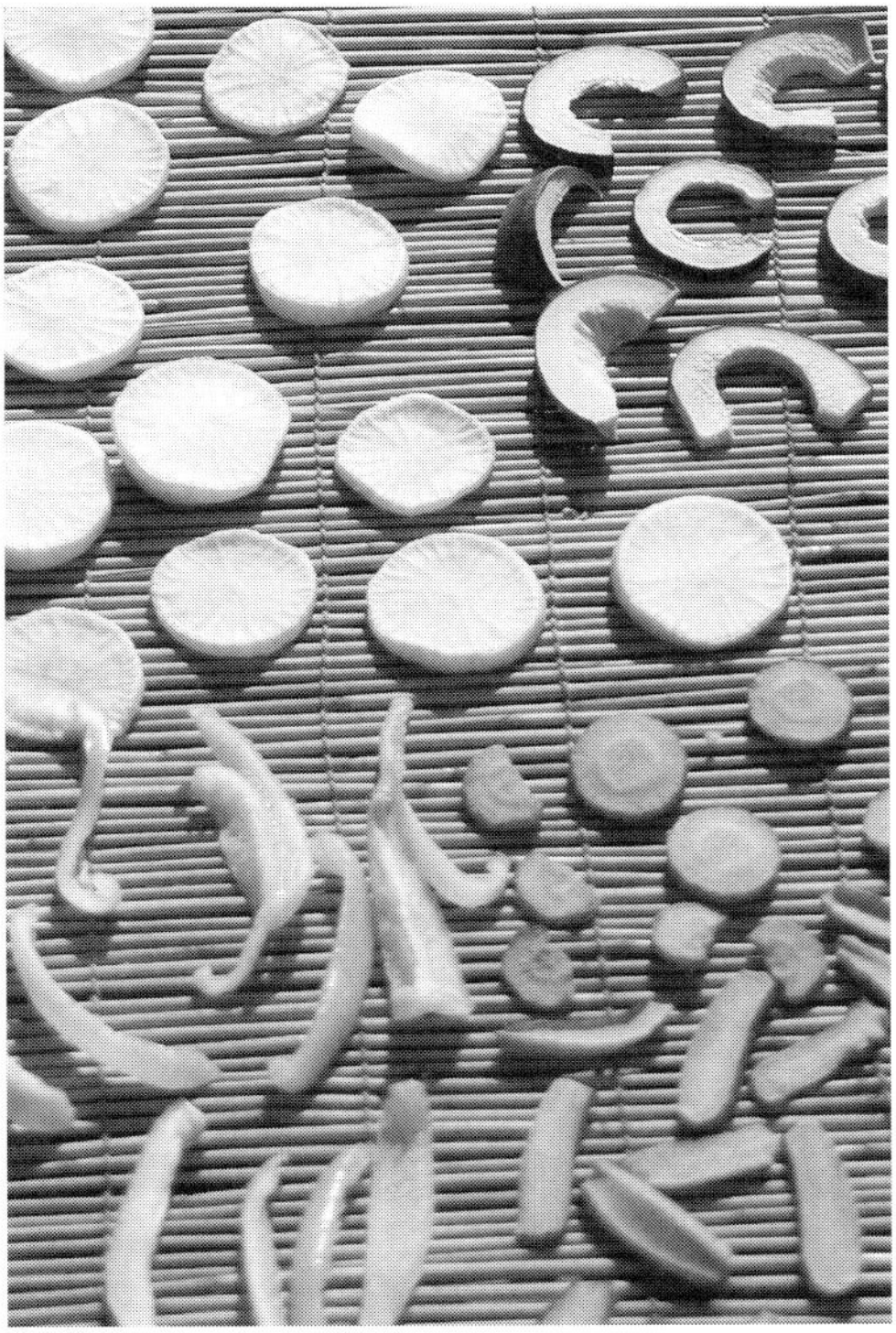

### 人参

4～5cmの長さに切り、薄切りにします。

### かぼちゃ

種とワタを取り、3～5cmのくし形に切ります。

### パプリカ

完熟してから収穫したものを使います。種を取り、千切りにします。

## 風

一年中で一番寒い大寒《だいかん》の季節。零下《れいか》の気温と乾燥した空気がこの時期の保存食づくりに適しています。気温の下がった厳寒の夜、風通しのよい軒下《のきした》などで寒風《かんぷう》に吹きさらして、なるべく早く乾燥させます。

この時期の寒風を利用して干すものには、大根、餅、米などがあります。乾燥、熟成することにより風味、旨味が増します。このころに作ったものはかびにくいということです。

### 大根

きれいに洗った大根を、皮を剝かずに7～8mm厚の輪切りにし、中央に穴を開け藁にとおして吊るします。

### 米

うるち米を水に浸し、ザルにあげて水を切り、むしろの上に広げて干します。

### あられ餅

かたくなった餅を1～2cmの大きさに砕き、むしろの上に広げて干します。

# 雪

雪の冷たさで、野菜などを保存する天然の冷蔵庫です。雪の中に直接埋める「雪中貯蔵」と、雪が積もった下に穴を掘って、そこにおく「雪下貯蔵」があります。キャベツと大根でみてみましょう。

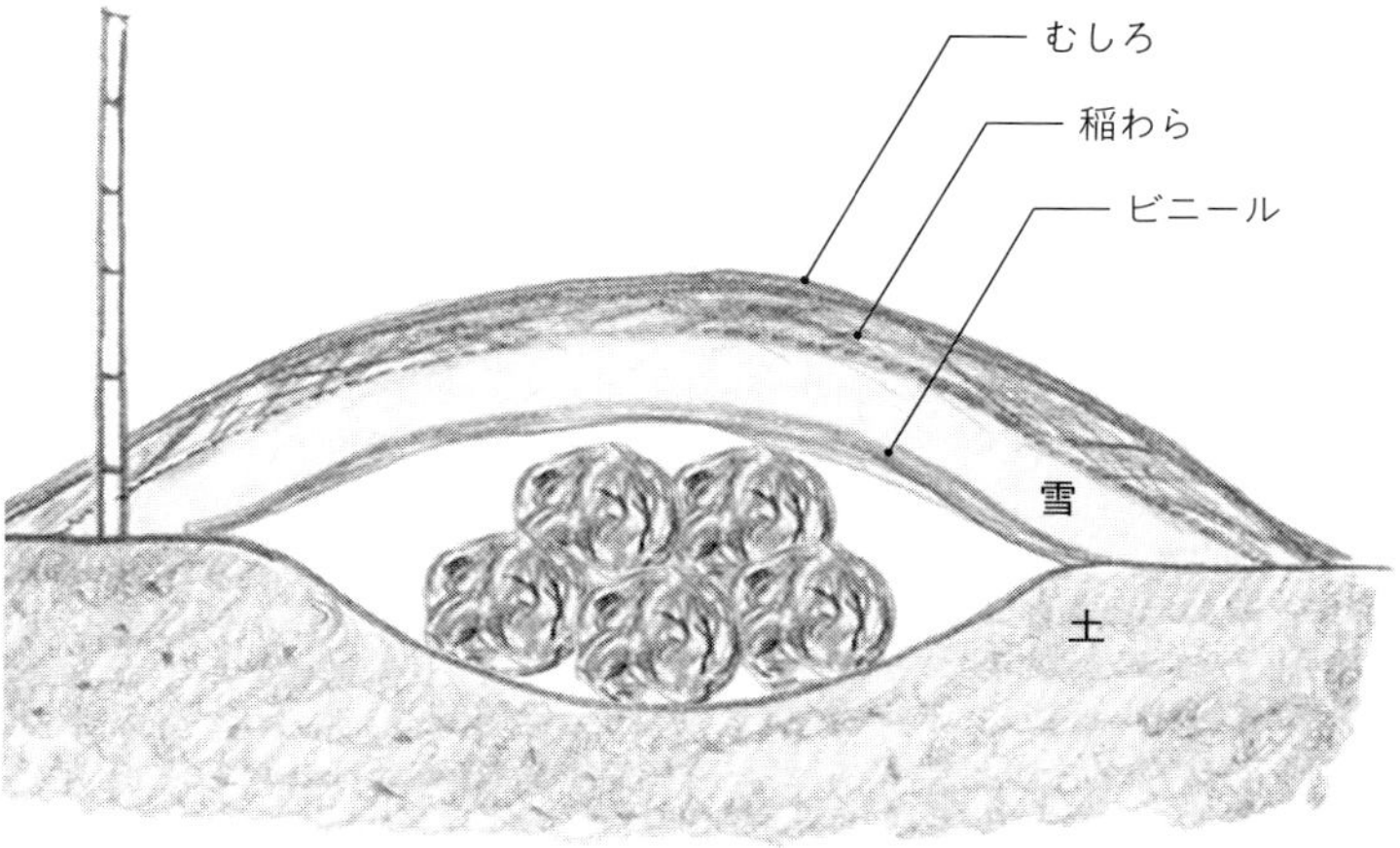


## 雪中貯蔵

雪の中は0℃前後で湿度も90％くらいあり、葉物野菜の貯蔵に適しています。

ほうれん草、小松菜は新聞紙で包み、キャベツは外葉を４～５枚付けたまま並べます。ビニールなどの上から雪をかけておきます。その上から、落ち葉などで覆い、むしろ、稲わらなどを被せて凍結しないように防寒します。目印に枝、竹などを立てておきます。

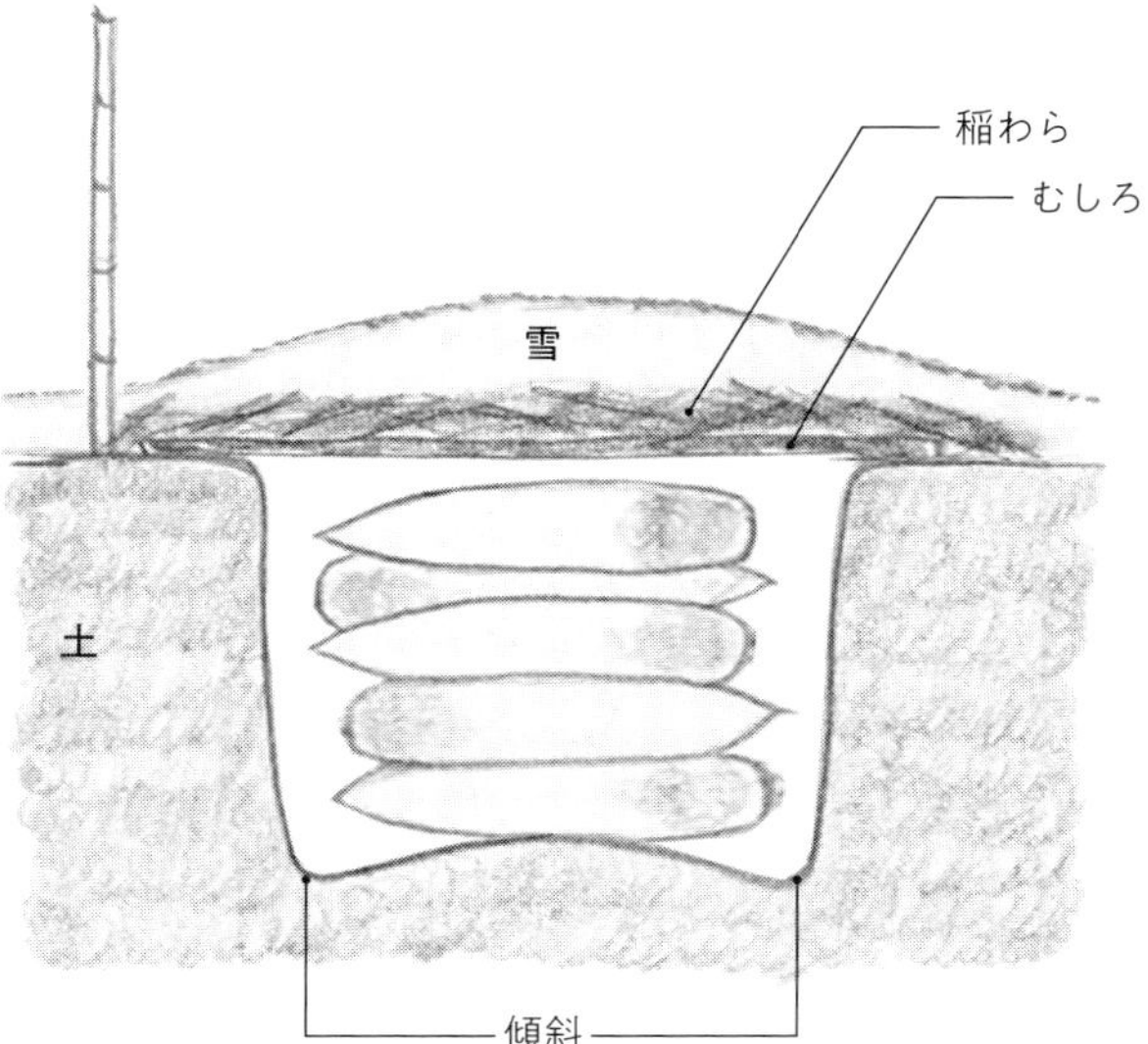


## 雪下貯蔵

排水のよいところで穴を掘り、野菜の高さより少し深めにします。底は水はけをよくするために傾斜をつけます。大根を並べ入れ、むしろ、稲わらなどを被せて雪をかけ、凍結しないようにしておきます。

# 土

土の中は温度が一定で、保存には最適の環境です。「埋土法」と「土室《つちむろ》」があります。

野菜を出し終わった土は、腐った野菜などが残っていると腐《ふ》敗《はい》しやすいので全部出し、秋に太陽の光を十分浴びた土を使うと、野菜が長持ちします。

## 埋土法

凍結防止のために大根、人参などは立てたまま土で覆い保温します。肌に土を触れさせるのがみずみずしさを保つこつで、頭を下にすれば芽が出る時期が遅れます。寒さに弱いものほど深く埋め、その上から稲わらなどを被せておきます。

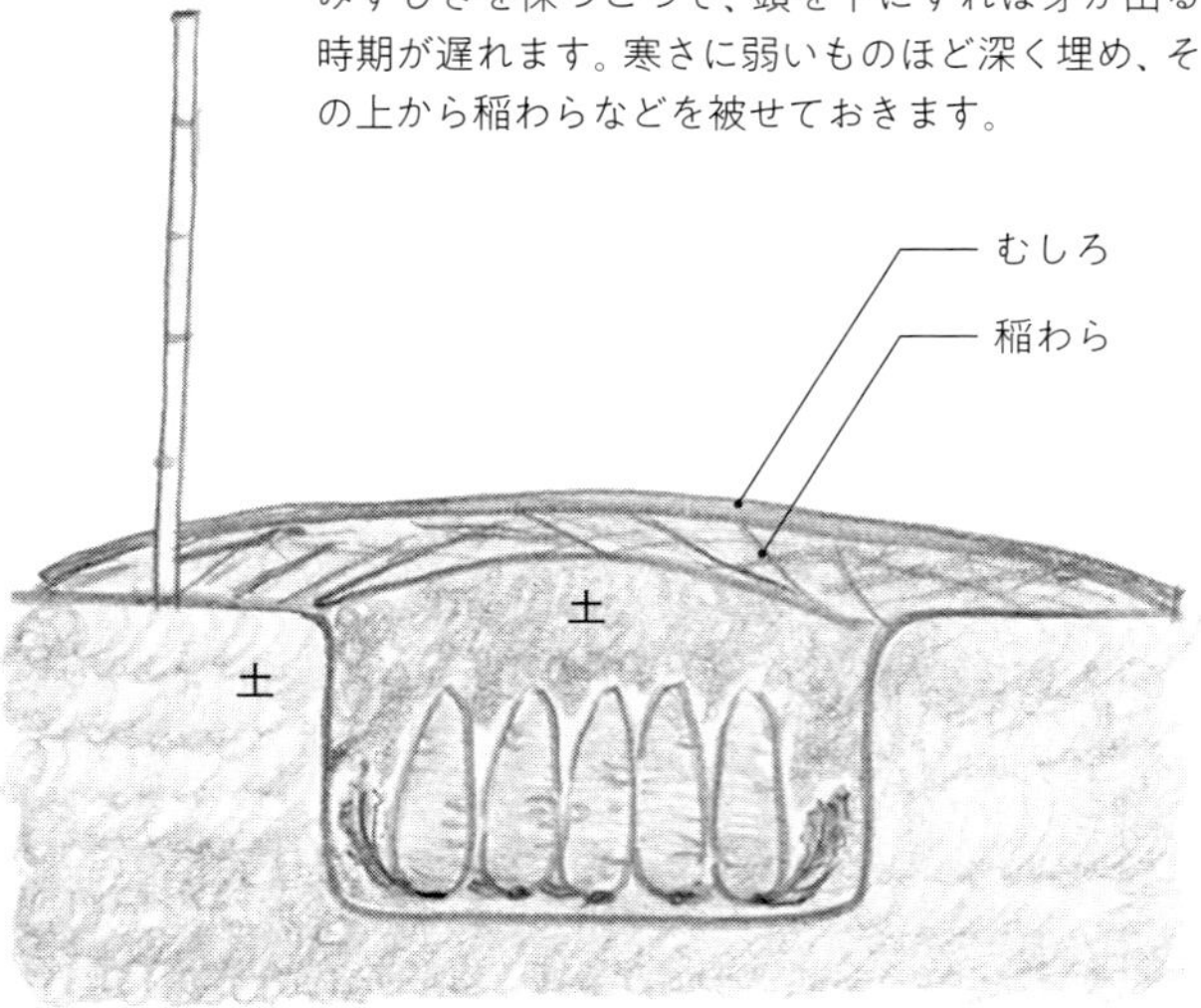


## 土室

まわりが土で囲われているので保存性が高い天然の貯蔵庫です。家の中の場合、床の一部分を掘り下げて作ります。家の外の場合、雨が降りこまないような斜面に横穴を掘って作ります。
さつまいもは寒さに弱いので、たくさんの籾殻を入れ、里芋は下に土を入れ、籾殻は少なめにします。大根、人参、ごぼうなどの根菜類なども入れておきます。大根は逆さまにしてすき間なく入れておくと、すも入りにくくなります。

さつまいもの保存

土室

## 蔵

蔵《くら》は、丈夫な柱、桁《けた》、梁《はり》を用い、厚い土壁にし、さらに漆喰《しっくい》を塗ります。災害や気候の変化から家財や貯蔵物を守るためです。

食品の保存や農産物の貯蔵にも使われ、主に穀物や豆類を蓄えるために使われます。

穀物は適当な湿度で貯蔵すると、品質劣化を防ぎ、味を向上させることができます。

蔵は厚い土壁に覆われているため、直射日光が入らず、内部は一定の温度に保たれ、土壁には吸湿性があり湿度も一定に保たれるため、食品を長期間保存するのに適しています。

## 参考文献


**飲食器**
- 毎田祥子監修『おばあちゃんの歳時記くらしの知恵』ピエ・ブックス　2008年1月
- 宮本馨太郎『めし、みそ、はし、わん』(民俗民芸双書) 岩崎美術社　1973年5月
- 小泉和子『昭和　台所なつかし図鑑』(コロナ・ブックス) 平凡社　1998年1月
- 本多京子監修『知って得するキッチンの知恵366日』家の光協会　1998年12月

**衣類**
- 『きものに強くなる——きものの基本と着こなし』(家庭画報特選) 世界文化社　2001年11月

**古文書**
- 若尾俊平『古文書の基礎知識』柏書房　1979年1月
- 若尾俊平『図録・古文書入門事典』柏書房　1991年3月
- 福尾猛市郎・藤本篤『古文書学入門』創元社　1974年7月
- 藤本篤『古文書への招待』柏書房　1979年5月

**防虫**
- 文化財虫害研究所編『文化財の虫菌害と保存対策』財団法人文化財虫害研究所　1987年3月31日
- 杉山真紀子『博物館の害虫防除ハンドブック』雄山閣出版　2001年1月
- 大舘勝治・宮本八恵子『いまに伝える農家のモノ・人の生活館』柏書房　2004年10月

**食品**
- 農文協編『農家が教える加工・保存・貯蔵の知恵——野菜・山菜・果物を長く楽しむ』農山漁村文化協会　2009年6月

# あとがき——家の女たちのしごと

小泉和子

## 主婦たちによる家財調査

「はじめに」で書いたように「わたしの仕舞い方」は現在の仕舞い方で、「旧家の仕舞い方」は世界遺産石見《いわみ》銀山《ぎんざん》がある島根県大田《おおだ》市《し》大森町で大田市指定史跡として公開されている河《かわ》島家《しまけ》住宅《じゅうたく》の「仕舞う」という展示を解説した小冊子の再録です。専門家でもない素人の主婦がこんなにしっかりした調査をして、展示し、原稿を書いたことに感心します。そこでなぜそんなことができたのか。このことについて少しご紹介しましょう。

大森町には河島家住宅のほかに、熊谷家《くまがいけ》住宅という国の重要文化財に指定されている住宅があります。

大森町は江戸時代、幕府の直轄領《ちょっかつりょう》とされて、石見銀山とその周辺支配の中心地でした。熊谷家は鉱山業や酒造業を営むと同時に代官所《だいかんしょ》に納める年貢銀を計量・検査する掛屋を務めるなど石見銀山御料内で最も有力な商家の一つでした。

この熊谷家住宅が一九九八年（平成一〇）、国の重要文化財に指定され、それに伴って建物の修理工事と活用整備工事が行われることになりました。そこで家財調査から公開に向けての準備、公開後の運営まで担うことになったのが地元の主婦たちだったのです。本来なら学生とか研究者が行う家財調査を費用の問題で彼女たちに担当してもらったのが始まりでした。

まず家財調査です。声をかけたところ七人の主婦が集まってくれました。この七人体制で、廃校になった小学校の体育館に運び込まれた家財の調査にとりかかりました。調査はまず椅子なら椅子の写真を撮って、私が作ったカードに名称・寸法・材質・用法・年代な

家財調査に取り組む

重要文化財熊谷家住宅

どの項目に記入していきます。

ところが熊谷家が長い間無人だったため大部分が粗大ごみ状態だったのです。このため、ほこりを払ったり、洗ったりしながらの調査でした。初めはカードに記入するのにわからない項目が多かったのですが、空白にしたくなくて自分で調べ始めました。そうこうするうちにやがて、それぞれの得意分野がわかってきたので、食器班、衣類班、趣味・酒造班、宗教班に分担することにしました。専門分野が決まったことでそれぞれ熱心に調べ始めました。こうして三年間調査を続けた結果、粗大ごみの山も片づき、地域の行事や生活習慣なども学習して全員いっぱしの民具・民俗研究者のようになってしまいました。

## 公開に向けてリサイクル!?

せっかく熊谷家の家財や歴史について勉強した彼女たちですから公開後も続けて働いてもらうことにしました。学芸員では少々趣が違うので「家の女たち」と名づけて公開に向けて準備を開始しました。

ところがほとんどが粗大ごみで、そのまま展示できるものはありません。そこで粗大ごみをリサイクルして公開に必要なものを作ることになりました。こうして古い布団から座布団百枚、杜氏さんの布団を二組、破れた袴を信玄袋に、黄ばんで使えない長襦袢を赤く染めて家紋を白で刺繍して鏡台かけへなどとリサイクルしました。

またたくさん残っていたのが重箱《じゅうばこ》です。これにごちそうを入れなくてはなりません。これも自分たちで作ることにしました。ごちそうは花見弁当、法事の料理、祭礼の料理としました。これも廃物利用です。芯には発泡スチロールの空き箱を使って紙や布をかぶせて絵の具で塗ります。箱寿司のご飯はタオル、錦糸《きんし》卵《たまご》は黄色の布を縮ませて細かく刻む、鮭の切り身は木目込み方式、脱脂綿を薄黄色に着色して天ぷらの衣という風に試行錯誤しながら進めていきました。刺身こんにゃくは靴の中敷きのシリコンをオーブントースターで溶かして細く切るなどなどと迫真力を求めて追求していた結果、初めのうちこそ似ても似つかずのものでしたが、たちまち上達してまさに本物と見間違う見事な出来栄えとなりました。

廃物利用の材料でごちそうに

汚れて真っ黒だった布団側をパッチワークして座布団のカバーに

食品の模型だけではありません、展示のパネルも、原稿からプリントまですべて自分たちで作りました。こうして勘定場、広間、座敷、居間、仏間、隠居部屋、台所などそれぞれをその部屋らしく展示することができました。

## 文化財住宅のユニークな活用

公開後も家の女たちは建物の管理から見学者への対応、催事、体験学習など運営の一切を担当しました。この中で特徴的なのが四季の催事です。これはかつての熊谷家が行っていたおもてなしを、形を変えて広く市民に体験してもらうものです。春は二階（高楼）で行う「春　高楼で花の宴」夏と秋は「雑物茶会」冬は「冬に学ぶ」です。

「春　高楼で花の宴」には、彼女たちが近くの山で集めてきた花で部屋をいっぱいにし、その下で参加者には花見弁当を食べていただきます。その後、家の女たちがこれまで勉強してきたことをお話しします。紅茶と手作りのケーキでゆったりとくつろいだ後、最後に彼女たちのコーラスで宴が終わります。

夏と秋の「雑物《ざつもの》茶会」の〝雑物〟というのはどんな茶碗でもいいということです。普段使っている飯茶碗でも手作りの茶碗でもいいのです。このときは奥座敷と続き間に夏は網《あ》代《じろ》、秋は五色の毛氈《もうせん》を敷き、灯台型の明かりを灯します。料理もみんな家の女たちが作り、食事の後にお抹茶を出します。それが終わると皆さんが持ってきたお茶碗をスクリーンに写してそれぞれが書いてきたコメントを読み上げ、みんなで楽しく鑑賞します。最後は土間にしつらえた舞台を使って余興です。

「冬に学ぶ」は熊谷家文書の研究をされている京都大学の先生の講座です。講座の後は台所に移って大鍋で煮たおでんを食べます。

そのほかでは小学生の体験学習も本格的です。「熊谷家で学ぶ昔の暮らし」として「ご飯炊き」「盥《たらい》と洗濯板を使って洗濯体験」などをします。たとえば「ご飯炊き」の場合は薪作りから始めて、米を研ぎ、竈《かまど》にかけて炊く、炊いたら蒸らす、その間に煮干しで出汁《だし》をとって味噌汁を作る、食べ終わったら鍋釜や食器を洗い、竈の始末をし、まわりの掃除をするまでがご飯炊きです。こうすることで電気釜での炊飯との違いを実感し、米・水・

夏の雑物茶会のミニ懐石。
箱寿司、とび魚の卵の吸いもの、コロコロッケ

網代を敷いて「夏の雑物茶会」

火からなる炊飯の科学を学ぶのです。

　こうした活動は文化財住宅のユニークな活用事例として全国的にも注目されました。

## 旧家の仕舞い方に感激

　家の女たちは大田市から依頼されて他の民家の家財調査も行うようになりました。そのうちの一つが武家住宅の河島家です。ここには入ってすぐの土間に梯子で上がる小さい二階があります。元は雇い人の部屋だったようですが、何もないので見学者がせっかく上がっても見るものがありません。そこでここに「仕舞う」を展示をすることにしたのです。これまで町内の旧家の家財調査をしてきて、昔の家財の仕舞い方に驚いたことがきっかけでした。食器類は和紙や布で一つ一つしっかり包まれて木箱や引き出しに収まっている。包んでいるのはすべて使い古しの紙や布、二、三cm幅の布を接ぎ合わせているものもあります。着物を包む「たとう」は反故紙を貼り合わせたり、古い布を接ぎ合わせて作っています。また収納法も提灯《ちょうちん》は木綿の袋に入れて壁に吊り、茣蓙《ござ》や籐《と》むしろは古い布団側で包んで吊り棚に並べる、大きな油単は土蔵の梁に縛りつけて吊るす、といったようにモノに応じて的確に工夫されています。合理的で美しく、しかも無駄のないことに感心し、感動したのです。

　このため分担を決めて、あらためて昔の仕舞い方を調べてそれぞれの品物に応じた包み方、仕舞い方を復元して展示したのです。

　今、河島家の土間の二階は、天井まで届く壁一面食器類を入れた木箱が積み上げられ、椀箪笥の引き出しには紅絹《もみ》で包んだ椀がぎっしりと並び、長持ちには布団袋や大風呂敷に包んだ座布団が収まっています。屏風《びょうぶ》は屏風袋に入れて屏風箱で、掛軸《かけじく》は布に包んで軸箱に、段通《だんつう》や毛氈《もうせん》は端から巻いて紙に包んで紐で縛る、というようにして展示されています。「収納の参考にしたい」という見学者の声が多いので、全員で分担して『仕舞う』という小冊子を作成しました。

　しかし、その後、熊谷家住宅と河島家住宅の管理団体が変わり、小冊子の行き場がなくなったため、本書に再録することにしたのです。

洗濯板で洗濯体験

小学生のご飯炊き体験

【編集・監修】
昭和のくらし博物館館長
小泉和子

【執筆分担】
第一部 わたしの仕舞い方
仕舞うと住まう◉古田悠々子／写真：小野吉彦
暮らしを美しくする◉松場登美／写真：渡邉英守
食を仕舞う◉タカコナカムラ／写真：濱口 太
昭和の仕舞い方◉小泉和子／写真：田村祥男・昭和のくらし博物館

第二部 旧家の仕舞い方
飲食器◉吉田美穂子　家具調度品◉太田洋子　衣服◉渡邊りょう子　古文書◉三上公子
防虫図鑑◉龍 文子　食品◉佐藤淳子・堂野前さち子　帳簞笥◉前潟由美子（生活史研究所）
写真：渡邊りょう子　イラスト：尾村七恵

らんぷの本
mascot

仕舞う
美しい収納の知恵

2024年12月20日　初版印刷
2024年12月30日　初版発行

編集・監修　昭和のくらし博物館館長 小泉和子
発行者　小野寺優
発行所　株式会社河出書房新社
〒162-8544　東京都新宿区東五軒町2-13
電話　03-3404-1201（営業）
03-3404-8611（編集）
https://www.kawade.co.jp/
装幀・レイアウト　日向麻梨子（オフィスヒューガ）
印刷　TOPPANクロレ株式会社
製本　大口製本印刷株式会社
Printed in Japan

ISBN978-4-309-75758-2